占星筆記

\給初學者/

找回真實自我的星盤分析

miraimiku

楓書坊

前　言

致拾起本書的各位讀者。

本書對於已經有基礎占星知識的讀者，
或是想更進一步深入鑽研的讀者來說，
內容或許稍嫌不足。

因為本書，
並不是要正確探究占星術的知識和技術，
而是把**面對自己**視為最重要的主題。

作為面對自己的「方法之一」，
我想誠摯地向各位推薦占星術。

與海外相比，在日本，
「十二星座占卜」以外的占星依舊鮮為人知，
人們抬頭觀星的機會或契機也寥寥可數，
讓我感到非常可惜。

只是聽到「占星術」或「星盤」，
就以聽不懂為由拒絕理解的人，
正是本書的目標讀者。

首先，我想讓各位知道，
為了認識自己，在分析自己的方法中，
有一種很棒的工具叫作「占星術」。

正因如此，

我以初次接觸占星術及星盤的讀者的角度出發，

「濃縮」占星術的奧妙與精華完成了這本書。

我想應該有很多人，譬如在求職活動期間，

做過自我分析。

而現在，由於新冠疫情導致「空白時間」增加，

無論當事人願不願意，

全世界的人恐怕都被迫面對自己。

我在過去的工作中參與了學生求職、企業徵才

以及進公司後的員工教育工作，

長達大約十年的時間。

也就是說，我在人資業界的最前線，

接觸了無數種自我分析的工具及方法理論。

在這樣的前提之下，縱然擁有這些經驗，

我仍然堅信占星術（星盤）是認識自己最好的方法。

用星盤來分析自己，

是透過自己出生當下的星體位置圖，

一步步探索自己的人格特質及人生走向。

「星星的位置」與「人的狀態」為什麼會互相呼應？
老實說，我自己也不是很清楚。

然而，在我多年來為許多人分析星盤的實際經驗當中，
我切身感受到了確實存在的事物——
科學無法解釋的「神祕」。

用星盤探索自我，
並不是像透過考試、計分等方式，
來測量能力的高低（數值化）。

而是會浮現出將各種故事、靈魂之聲、光明、黑暗以及矛盾
全都囊括其中的個性——每個人獨一無二的「色彩」。

最重要的是，「我與生俱來的星星」這句話聽起來是如此浪漫，
不可思議地令人能夠坦然接受。

就讓我們認真度過
因為各式各樣的奇蹟碰在一起，
在「某個瞬間」誕生於世上「僅此一次的生命」吧！

我認為，使用占星術（星盤）分析自己，
能夠在極度原始、根本的地方，
塑造一個人的動機和精神。

被稱為「風象時代」，劇烈動盪的變革時期──
資訊和選項一個接著一個縱橫交錯，
快速、多樣化且社群網站氾濫的社會。

我們總是在一個忍不住拿別人有的東西
或生活方式跟自己做比較的環境之下，
充斥著諸如「to have!」「to do!」「改變自己！」「採納新作法！」等
「煽動」改變或輸入的方法論。

在這種情況下，我們每天都遭到催促、被人追趕，
徒增焦躁、不足或自卑感，卻忽略了真正重要的「腳下」。

不必著急，無須擔憂，
「發現自己已經擁有的」是本書要大大強調的觀念。

即使不添購、吸收或開始做某種新的嘗試，
你一定也已經擁有了很多、做過了很多。

不要隨外界起舞，正視自己的內心。
無關乎其他人，「對自己來說，什麼才是幸福？」

願本書能夠成為讓各位讀者找回原本的自己，
重新思考什麼才是符合自己個性的生活方式的機會。

miraimiku

CONTENTS

Introduction

要不要重新
認識真正的自己呢？

Chapter 1

製作自己的星盤

CONTENTS

Chapter 2

從星盤認識的
「真正的自己」是什麼模樣？

#The real me
基本特質

CONTENTS

Chapter 4

懂得越多，對自己的認識越深
星盤的基本教學

Introduction

要不要重新認識
真正的自己呢？

一心想獲得認同而打腫臉充胖子、
和其他人比較後大受打擊、
強迫自己表現出樂觀的樣子……
在職場、交友圈或社群網站上，
你有沒有偽裝自己、貶低自己，
或是過度努力呢？

假如你「莫名覺得不舒服」、
「心裡悶悶的」，
有可能是因為你迷失了自我。

首先，讓我們為重新認識真正的自己
做好準備吧！
「接受自己」、「認同自己」，
包括所有好的與不好的部分。
只要可以掌握這種感覺，
你的心就會頓時變得輕盈無比。

關鍵字就是「自我肯定」
你喜歡現在的自己嗎？

◆ ◆ ◆

　　想著「我不行！反正一定不會順利！」的人，跟想著「我可以！一定會很順利！」的人，哪一種人才能度過充實的人生？答案當然是後者，對吧？這兩種人之間決定性的不同，在於自我肯定。

　　所謂的自我肯定是指**對真正的自己感到滿足，能夠肯定自己具有價值的感覺。**簡而言之，就是能夠喜歡自己。自我肯定是人活在世上最珍貴的基本能量，是人類的生命力本身。

　　也許有人會想：「我的自我肯定可能生來就很低吧⋯⋯」不過沒關係！自我肯定是每個人與生俱來的寶物。每個小嬰兒都會確實帶著自我肯定出生。我們從呱呱墜地的那一刻開始，就受到自我肯定的支持，勇敢無畏地挑戰各種事物，成長茁壯。

　　在出生當下位於高點的自我肯定，會隨著後來的環境、人際關係，或是在反覆經歷成功及失敗的過程中起起伏伏。換句話說，「自我肯定必定會浮動」是一大要點。

能對自己說「Go!」的人與
阻擋自己前進的人

• • •

對事物的感受、想法和行動都會受到自我肯定的狀態左右。

自我肯定高的人會想著「我辦得到！」而向前邁進。他們聚焦在事情好的一面，無論情況如何都能樂觀處之，因此積極的言行自然就多了起來。這是一種隨時都能對自己說「Go!」的狀態。此時，自我肯定不會被他人的話語或反應影響，在精神上也會比較穩定。

反之，**自我肯定低的人會認為「我辦不到！」而止步不前。**他們只聚焦在事情不好的一面，用悲觀的想法看待事情，導致否定、消極的言行越來越多，陷在這樣的惡性循環出不去……這是一種對自己設下障礙（block）或限制的狀態。這時，自己的存在價值會被他人一些微不足道的話語影響，時而欣喜若狂、時而受到重傷、時而高聲怒斥，情緒起伏也會變得非常劇烈。

現在你應該好奇自己的自我肯定是高還是低吧？從下一頁開始，我將從四個切入點解釋自我肯定，請搭配第18頁的「自我肯定檢測表」確認看看吧！

確認目前的自我肯定

• • •

1 —

你有對自己感到引以為傲，並珍惜自己嗎？

　　所謂的自尊心是認為自己是具有價值的寶貴存在而感到自豪，能夠珍惜自己的心。以社群網站來比喻的話，就是可以按「讚！」給自己好評的意思。你能不被他人影響，尊重自己的意志嗎？

　　能夠尊重、珍惜自己的人，同樣也能夠尊重並珍惜對方，因此自尊心在建立對等、健全的人際關係上是不可或缺的要素。「尊重自己的人格」是為「自尊」。雖然這麼說或許會讓你覺得誇大其辭，不過，「生在世上真是太好了！」、「活著真是太好了！」能夠這麼想才是自我尊敬。

　　自我尊敬是我們的心靈基石，是用來活下去的珍貴情感。

2 —

你可以接受原本的自己嗎？

　　無能的自己、脆弱的自己、受傷的自己──包含缺點、自卑感和失敗這些「黑暗面」在內，你是否能認同「這就是你」，接受原原本本的自己呢？

只要能接受自己，內心就會處在一種非常祥和的狀態，對於來自他人的影響也可以靈活應對。

　　不要放棄自己，而是果斷地接納它，這種感覺是邁向自我肯定的一大步。

3 — 自我肯定

你覺得自己有幫上忙嗎？

　　像是在電車上一定會讓座給長輩或有需要的人，或是每天替公司的加濕器換水等等，這種儘管微不足道但是有幫上他人的忙的感覺相當重要。

　　不知道自己能做什麼或該做什麼的時候，試著做些有助於人的事！**如此累積的種種最終會為你帶來「自信」。**

4 — 自信

你相信自己嗎？

　　說到「自信」，也許有些人會聯想到「驕矜自滿」。不過，這裡說的自信指的是「相信自己」。

　　「我可以」這種無條件的信任、堅持相信自己的能力，無論你陷入什麼樣的困境，它都會成為你克服難關的力量。並且湧出挑戰新事物的勇氣。

　　只要能相信自己，就能夠相信對方。

Check your self-esteem
自我肯定檢測表

自尊心

- ☐ 即使有在意的事情也沒辦法直接說出口。
- ☐ 不曾在每天的生活或工作中感到開心。
- ☐ 老是把過去的美好回憶或「當年勇」掛在嘴邊。
- ☐ 如果社群網站的「讚」數太少會覺得很沮喪。
- ☐ 因為不想被別人的步調牽著走，所以只跟最低限度的人來往。

自我接納

- ☐ 在鏡子裡看到自己的臉或身體會非常失望。
- ☐ 把社群網站的帳號設成私人或上鎖。
- ☐ 覺得自己很容易被排擠。
- ☐ 和別人說話時，總是說出是「可是」的口頭禪。
- ☐ 聽到別人的建議，會覺得自己被否定了。

自我肯定

- ☐ 看到做什麼都很厲害的人會情緒低落。
- ☐ 無法拒絕朋友的邀請或工作上的委託。
- ☐ 口頭禪是「反正」、「沒辦法」或「做不到」。
- ☐ 看到結帳慢吞吞的人會很生氣。
- ☐ 就算被別人誇獎也只覺得是客套話。

自信

- ☐ 與其自己做主，不如給對方決定會比較輕鬆。
- ☐ 害怕成為注目焦點，竭盡所能地讓自己變得不起眼。
- ☐ 經常和已婚人士或有男友／女友的人交往。
- ☐ 朋友或後輩結婚會讓你覺得心情複雜。
- ☐ 雖然有願望，但覺得應該不會順利實現。

檢測結果請
參考右頁

你總共打了幾個勾？

總共 10 個以上

自我肯定較低

對自己的認知是否定的,處於阻擋自己前進的狀態。很在意別人的評價,與周遭比較是思考的標準,活出自己人生的力量很低。

總共不到 10 個

自我肯定較高

對自己的認知是肯定的,處於能對自己說「Go!」的狀態。以自己的想法為標準決定事情,活出自己人生的力量很飽滿。

　　不論結果為何,這些都只是暫時的。一如我在第14頁說過,自我肯定會因為日常生活的小事浮動。就算今天被上司誇獎,讓你整個人心花怒放,自我肯定急速上升;幾天後卻又在工作上出包,導致自我肯定一落千丈⋯⋯這種上下起伏每個人都會有。

　　重點在於盡可能讓自我肯定維持在較高的狀態。為了維持肯定自我的價值,你需要用心累積與自己的對話(自省)。

寫下關於自己的事

• • •

正因為自我肯定會經常浮動，所以盡量讓它維持在比較高的狀態才如此重要。為此，你首先必須要做的事情是認識原本的自己。而**認識自己最有效的方法是用文字寫下來。**

1	**客觀回顧**	在腦中整理
重要！ 2	**寫下來**	用具體的文字「視覺化」
3	**意識化**	藉由多次反覆閱讀「顯化」

每次在工作現場面對向我諮詢的民眾時，我都會深刻感受到，**自己其實才是最不了解自己的人。**

為了認識自己，首先，請你試著對自己進行一場訪談。在這份訪談中沒有對或錯。請把自己現在的想法或感受原封不動地寫下來。

Q. 最開心的前三件事是什麼？

〈1〉

〈2〉

〈3〉

Q. 最難過的前三件事是什麼？

〈1〉

〈2〉

〈3〉

Q. 什麼時候會覺得很興奮？

Q. 什麼時候會覺得很生氣？

Q. 你現在在擔心什麼事情？

Q. 你喜歡自己的哪些地方？

Q. 你討厭自己的哪些地方？

Q. 你喜歡什麼樣的人？

Q. 你不擅長跟什麼樣的人來往？

Q. 你喜歡的一句話或格言？

假如任何願望都能實現的話！

Q. 你想做什麼事？

Q. 你想見什麼人？

Q. 你想去什麼地方？

　　要是看著自己寫下的內容，從中有所發現或覺得有種暢快的感覺，那就對了。思考關於自己的事情的時間意義非凡。請試著偶爾對這些內容進行回顧、改寫或加筆，還要記得對自己說話，例如「這樣啊，就是說啊，很可惜吧！」只要這樣就夠了。與自己對話的時間越多的人，越能讓自我肯定維持在較高的狀態，內心也越安定。

本書會使用「星盤」和「關於我筆記」透過這兩個步驟重新認識自己

. . .

　　本書會使用兩種工具，分別是從出生的時間、地點推算出來的星盤，以及用來寫下心中所感的「關於我筆記」。

　　星盤是把你的靈魂在追求什麼、想做什麼、實際上藏著哪些能力或可能性通通照出來的「靈魂X光」，而關於我筆記則是用來把藉由星盤重新認識自己之後的感想寫下來的筆記本。我們將透過這兩個步驟來「了解過去不了解的自己」，抑或「找回迷失的原本的自己」。

　　不需要「改變」自己。只要「確實了解」原本的自己，自我肯定感自然就會往上提升。而且，你還會發現，與其他人比較、對其他人有的東西或生活方式心生羨慕或難過沮喪並沒有任何意義。透過本書介紹的兩個步驟，你應該會發現「什麼才適合你」、「什麼對你來說才是幸福」。

　　重點不是要吹毛求疵，而是能夠從中找到多少「寶藏」或「線索」。請你放鬆心情，像是在玩遊戲一樣地邊玩邊做吧！

用星盤認識原本
的自己

以星盤自我分析是客觀了解真
實自我的步驟。你應該會有各
式各樣的發現，例如一洗過去
對自己的印象、發現以前不知
道的自己，或是認同發現的結
果。（敬請期待從第40頁開始
的分析結果！）

書寫「關於我筆記」
讓情緒告一段落

本書把用來寫下感想的筆記命
名為「關於我筆記」。這是用
來接納自己，讓自己繼續前進
的工作檔。請總結每個主題的
星盤分析結果，寫下你的感
想。正如我在第20頁所述，書
寫是認識自己最好的方法，而
且還可以丟掉迷惘、煩躁等等
的負面情緒。

Chapter 1

製作自己的星盤

為了重新認識真正的自己，
本書將會使用星盤。
所謂的星盤，
簡單來說就是「自己出生當下的行星位置圖」。
儘管已經簡言之，
但聽到「行星位置圖」，
各位應該還是很難想像吧？

在這裡，我們不管那些艱澀難懂的內容，
單就使用星盤的自我分析
進行準備吧！
需要事先準備好的資訊有
出生年月日、出生時間及出生地點。
只要有這三個資訊，
每個人都可以嘗試。

做出來的個人星盤是獨一無二的。
更是只要做出來就可以用一輩子的永久保存版！

What is Horoscope?
什麼是星盤？

從出生當下的星體位置
解讀個人特質及能力

　　星盤是「把某個瞬間，從地球看出去，宇宙中的行星位於哪個方位記錄下來的圖」。所謂的十二星座占卜是一種只聚焦在星盤的一小部分——即太陽位置占卜法。以牡羊座的人為例，代表「在他出生的那個當下，從地球看出去，太陽位於牡羊座的方位」。

　　從遙遠的古代開始，人們就會觀察太陽、月亮和星星的動向並在實際的生活中運用。將「宇宙中的群星」與「地面上的人類」串聯在一起占卜吉凶的占星術，不僅陪伴我們走過了數千年的歷史，如今還在我們的日常生活當中變成不可或缺的一部分。

　　接著，請你盡情解放想像力，試著想像一下：宇宙裡存有我們生活的地球，包含太陽及月亮在內的星體保持著各自的節奏運行流轉，而你則濃縮了「某個瞬間」的宇宙能量，在這個世界上誕生了。

　　本書使用的誕生星盤是「出生當下的星體位置圖」。可以想成我們每個人都是為了達成某個目標，選擇在「自己的星盤＝絕佳時機」出生的。出生當下的星象，正是解讀自己的鑰匙。

星盤
可以解讀什麼？

從星盤可以了解哪些事？
裡面包含的內容深～得超乎你的想像，令人嘆為觀止！

星星映照出的「全新未開封的自己」

星盤是某個瞬間的星體位置圖。本書將會用你的出生時間製作星盤，逐項解讀你的個人特質和能力。

誕生星盤所呈現的，是受到成長環境或經驗等「後天影響」之前，還維持在全新狀態的「生命原廠設定」。你的靈魂在追求什麼？想做什麼？又為此具備了哪些特質和能力？它就像是照出這些答案的「靈魂X光」。如果說醫生看診用的是「肉體X光」，你應該就懂我的意思了吧？

不是改變現在的自己，而是讓你發現自己也不曉得的原本的自己（原廠設定），這就是星盤。不是用「準不準」來作出結論，請務必把星盤當成讓自己做到最大發揮的線索，有效地利用它吧！

星盤是裝滿了
可能性與線索的
「寶山」

顯意識
潛意識

人際關係
家族　戀人
朋友　工作對象
客戶

經濟方面
與金錢的
關係

先天資質
本性　思考
感情　習慣

工作方面
適職　天職
轉職　能力
職責

拿手
的事

優點

魅力

能力

不拿手
的事

弱點

感情方面
戀愛
結婚

心靈創傷

自卑感

喜歡的事

Lucky
Point
幸運色
幸運物

討厭的事

觀察星盤

星盤上的記號和數字是什麼意思？
首先，請先認識這些最基本的構成要素吧！

星盤是某個瞬間的星體位置圖

占星術會用像下圖這樣的星盤來讀星。雖然圖上沒畫出來，不過星盤是以地球位於正中央為前提，並以圓為基礎，畫著十顆行星、十二星座以及十二宮位。

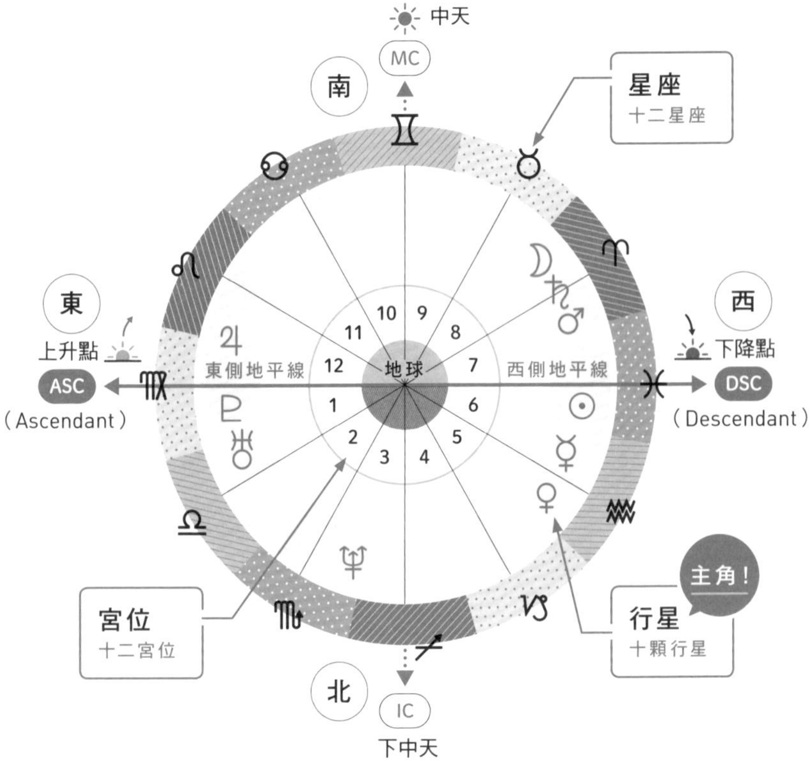

中天
MC
南

星座
十二星座

東
上升點
ASC
（Ascendant）
東側地平線

10 9
11   8
12 地球 7
1   6
2   5
3 4

西
下降點
DSC
（Descendant）
西側地平線

主角！

行星
十顆行星

宮位
十二宮位

北
IC
下中天

主角！

| 行星
（十顆行星） | 行星是星盤的主角。盤面根據天動說分布著太陽、月亮、水星、金星、火星、木星、土星、天王星、海王星、冥王星等十顆行星（詳見P134～）。 |

| 星座
（十二星座） | 十二星座是將太陽在天球上的移動路徑（黃道）切成十二等分。用「牡羊座的方位」、「天蠍座的方位」來理解或許會比較好懂（詳見P138～）。 |

| 宮位
（十二宮位） | 十二宮是以從地球看見的太陽位置為基準，將星盤分成十二個室（詳見P148）。 |

| 上升點
（ASC） | 代表水平線的左邊＝東側地平線（第一宮的起點）。既是太陽升起的上升點，也是星盤本身的起點，因此特別重要。代表「自己」。 |

| 下中天
（IC） | 星盤的最底部。代表正值午夜的北部底端——下中天（第四宮的起點）。由於是自己的立足點，因此主要代表「家庭」。 |

| 下降點
（DSC） | 代表水平線的右邊＝西側地平線（第七宮的起點）。太陽沒入地面的下降點。代表著「對方／他人」。 |

| 中天
（MC） | 星盤的頂端。代表太陽升到最高處的南部頂點——中天（第十宮的起點）。因為是至高點，所以主要代表「社會性目標」。 |

製作自己的星盤

請製作自己的誕生星盤吧！因為需要出生時間，請詢問父母或查詢孕婦健康手冊，只有大概的時間也沒關係。

用「星盤、製作」上網搜尋，會出現很多免費網站。本書將介紹使用下列網站製作個人星盤的方法。基本上只要輸入出生年月日、時間和地點就OK了。

推薦免費網站（日文）	nut's wheel ★お手軽ホロスコープ作成★ http://nut.sakura.ne.jp/wheel/report.html

製作星盤的步驟

START 打開上述網頁。

STEP 1 確認畫面上方選擇的索引標籤是「レポート」（report）。

STEP 2 在畫面左邊設定的「宮」（宮位）欄選擇「プラシーダス」（普拉希德斯）
※ 普拉希德斯（Placidus）是宮位系統的一種。

STEP 3 在畫面左邊設定的「アスペクト」（相位）欄選擇「メジャーのみ」（只顯示主相位），並勾選「アスペクト」線表示（顯示相位線）。

STEP 4 輸入「名前」（姓名）欄（暱稱亦可）。

STEP 5 在「日時」（日期和時間）欄輸入出生年月日和時間。
※1 時間請選擇「＋8:00」（臺灣時間）。
※2 如果不知道出生時間，星盤的解讀會受到限制。請趁這個機會從孕婦健康手冊等地方進行確認，只有大概的時間也沒關係。
※3 如果實在不知道出生時間，請將「時刻不明」打勾。勾選後會無法輸入出生地點。而且做好的星盤，時間會強制顯示12:00，太陽位於第一宮，ASC和MC則不會顯示。

STEP 6 在「場所」欄輸入經緯度。
※4 除了日本各都道府縣以外，出生地的經緯度需自行查詢。

STEP 7 按下「作成」（製作）鍵就完成了！

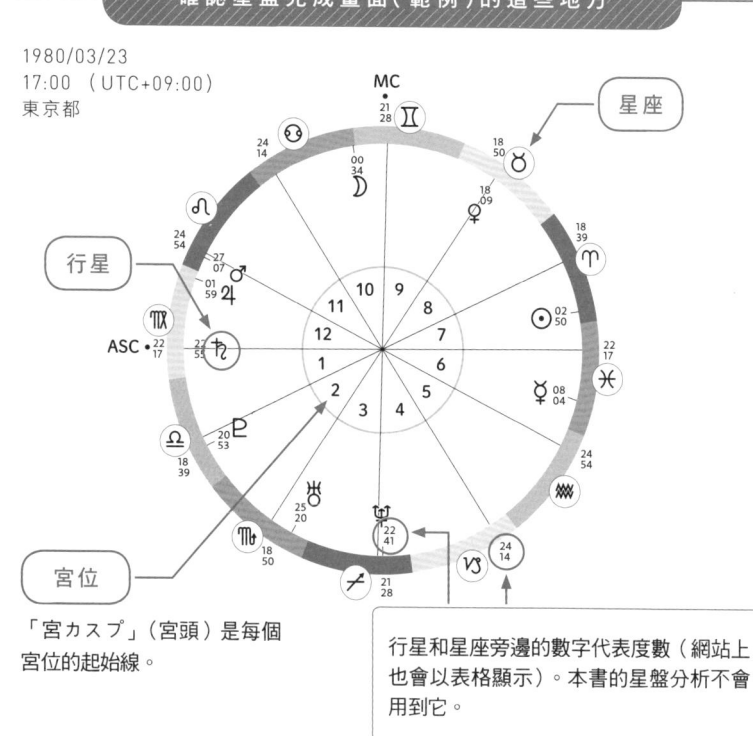

1980/03/23
17:00 （UTC+09:00）
東京都

星座

行星

ASC

宮位

「宮カスプ」（宮頭）是每個
宮位的起始線。

行星和星座旁邊的數字代表度數（網站上
也會以表格顯示）。本書的星盤分析不會
用到它。

★ 行星位置（行星所在的星座及宮位）

☉ 太陽	♈ 牡羊	2° 50'	（第7宮）
☽ 月亮	♋ 巨蟹	0° 34'	（第10宮）
☿ 水星	♓ 雙魚	8° 04'	（第6宮）
♀ 金星	♉ 金牛	18° 09'	（第8宮）
♂ 火星	♌ 獅子	27° 07'R	（第12宮）
♃ 木星	♍ 處女	1° 59' R	（第12宮）
♄ 土星	♍ 處女	22° 55' R	（第1宮）
♅ 天王星	♏ 天蠍	25° 20' R	（第3宮）
♆ 海王星	♐ 射手	22° 41'	（第4宮）
♇ 冥王星	♎ 天秤	20° 53'R	（第2宮）
ASC	♍ 處女	22° 17'	（第1宮）
MC	♊ 雙子	21° 28'	（第10宮）

★ 宮頭　　　（宮位的起始線）

第1宮	♍ 處女	22° 17'	♄
第2宮	♎ 天秤	18° 39'	♇
第3宮	♏ 天蠍	18° 50'	♅
第4宮	♐ 射手	21° 28'	♆
第5宮	♑ 魔羯	24° 14'	
第6宮	♒ 水瓶	24° 54'	☿
第7宮	♓ 雙魚	22° 17'	☉
第8宮	♈ 牡羊	18° 39'	♀
第9宮	♉ 金牛	18° 50'	
第10宮	♊ 雙子	21° 28'	☽
第11宮	♋ 巨蟹	24° 14'	
第12宮	♌ 獅子	24° 54'	♂ ♃

我的星盤筆記

把自己的星盤記下來吧！

行星分布

請觀察大部分的行星集中在星盤的哪一區。
說明請參考第 132 頁。

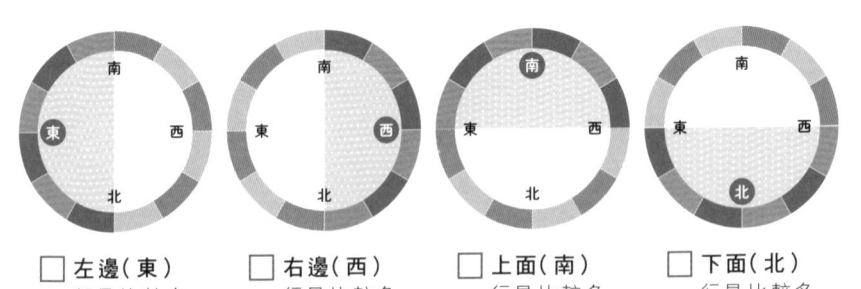

☐ **左邊（東）**
行星比較多

☐ **右邊（西）**
行星比較多

☐ **上面（南）**
行星比較多

☐ **下面（北）**
行星比較多

行星位置

☉ 太陽	座 ／ 第	宮
☽ 月亮	座 ／ 第	宮
☿ 水星	座 ／ 第	宮
♀ 金星	座 ／ 第	宮
♂ 火星	座 ／ 第	宮
♃ 木星	座 ／ 第	宮
♄ 土星	座 ／ 第	宮
♅ 天王星	座 ／ 第	宮
♆ 海王星	座 ／ 第	宮
♇ 冥王星	座 ／ 第	宮
ASC	座 ／ 第 1 宮	
MC	座 ／ 第 10 宮	

宮頭

第一宮	座
第二宮	座
第三宮	座
第四宮	座
第五宮	座
第六宮	座
第七宮	座
第八宮	座
第九宮	座
第十宮	座
第十一宮	座
第十二宮	座

從三種分類法了解自己的特質

請在看完第 138 頁～第 141 頁之後，參考左頁下方的「行星位置」表，
填寫這五顆行星的「星座及分類」。

	例／太陽在牡羊座	太陽 ☉	月亮 ☽	水星 ☿	金星 ♀	火星 ♂
星座	牡羊座	座	座	座	座	座
二極法	陽性					
三分法	基本型					
四元素	火象星座					

符號一覽表

十顆行星

☉	☽	☿	♀	♂
太陽	月亮	水星	金星	火星

♃	♄	♅	♆	♇
木星	土星	天王星	海王星	冥王星

十二星座

♈	♉	♊	♋	♌	♍
牡羊座	金牛座	雙子座	巨蟹座	獅子座	處女座

♎	♏	♐	♑	♒	♓
天秤座	天蠍座	射手座	魔羯座	水瓶座	雙魚座

Chapter 2

從星盤認識的「真正的自己」是什麼模樣？

自己無意識顯露出來的
特質、價值觀、欲望或思考習慣等等，
當事人往往毫無自覺。
反映出這些核心的正是星盤。

不在乎旁人眼光的真實的自己、
與他人相處時戴著面具的自己、
戀愛時的自己、
只讓所愛之人看見的自己、
活在社會框架中的自己。
每當我們解讀星盤時，
自己與生俱來的魅力、武器、弱點和恐懼等等
便會逐一浮現。

認識真實的自己是讓未來往好的方向改變的鑰匙。
來，請鼓起勇氣，去見見真正的自己吧！

分析方法

① 參考第34頁製作自己的星盤。（寫在第36頁就可以隨時確認。）

② 從各說明頁的「星盤怎麼看」確認自己星盤上的對應部分。

③ 閱讀對應項目的內容。

1 / 我的「第一印象」是什麼？

上升點（ASC）是整個星盤的起點。
如果把星盤比喻成自己家，上升點就是玄關門。
它代表的不是最原始的人格，而是你在外界眼中的模樣。
有正面和負面兩種印象。

• • •

星盤怎麼看
請確認「行星位置」表的上升星座！

本頁說明需參考出生時間。快去查一查自己的出生時間吧！

 上升點在
牡羊座 *Aries*

開朗、強大、耀眼奪目／傲慢無禮

以開朗華麗的氣場瞬間吸引眾人的目光，給人健康、活力充沛、朝氣蓬勃且富有行動力的印象。體育社團型或很會照顧人的大姊姊型。言行舉止果斷強硬，也可能因此被認為態度傲慢。

上升點在
金牛座 *Taurus*

高雅、穩重／我行我素

娃娃臉加上小個子，給人有如小動物般的可愛印象。總是保持冷靜的態度，言行舉止也從容不迫、悠然自得。儘管並不花俏，但可以從服裝打扮或隨身物品感受到獨特的堅持和品味。

 上升點在
雙子座 *Gemini*

輕快、爽朗／態度輕浮

無論到了幾歲都散發出「淘氣少年」的氣質，外表看起來應該比實際年齡更年輕。好奇心旺盛，是個思考、說話和步伐都很輕快的人，同時也給人慌慌張張、靜不下來的印象。

 上升點在
巨蟹座 *Cancer*

親切感及安心感／備受依賴

充滿平易近人的人情味及生活感，給人親切、安心、溫暖、懷念的感覺。因為氣氛讓人覺得比較容易搭話，所以應該經常有人來找你商量事情，或是有陌生人來向你問路。

上升點在
獅子座 *Leo*

領袖般的存在感／自以為是

渾身散發出落落大方的氣質與威嚴，具備光憑存在感就能吸引周遭的領袖氣質。於好於壞都是常常吸引目光的人。雖然看起來十分可靠，但是另一方面也可能給人自以為是的感覺。

 上升點在
處女座 *Virgo*

知性和清潔感／乖巧老實

給人柔弱、拘謹、老實的印象，穿著打扮和用字遣詞都會讓對方感受到知性與清潔感。形象好比一位「清新脫俗、知書達禮的模範生」，也有無法接受黃色笑話的嚴肅的一面。

 上升點在
天秤座 *Libra*

隨時保持優雅／沒有破綻

為對方考量的妝容、穿著，以及都會氣質型紳士、淑女般的舉手投足，使你成為第一印象好感度最高的人。雖然不會讓對方感到不舒服，但有可能會覺得你過於完美，沒有任何破綻。

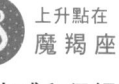 上升點在
天蠍座 *Scorpio*

充滿謎團的存在／有不為人知的一面

在沉默寡言的態度下隱藏著「不為人知的熱情」，給人高深莫測、魄力十足的感覺。披著神秘面紗，營造出性感嫵媚的氛圍。因為鮮少吐露真正的想法，所以也有很容易被對方戒備的一面。

 上升點在
射手座 *Sagittarius*

大方、坦蕩／做事隨便

很會配合氣氛，無論何時、不管對誰都表現得非常友善。有種不拘小節、輕鬆隨興的氣質，會緩解對方的緊張情緒。經常表現出樂觀的模樣，因此也可能被當成輕浮的人。

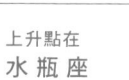 上升點在
魔羯座 *Capricorn*

安定感和信賴感／認真嚴肅

具備常識、個性踏實、做事腳踏實地的人，看起來可能比實際年齡大。有一種「交給這個人一定沒問題」的安定感和信賴感，所以在工作上很吃香，但也給人認真嚴肅、不苟言笑的印象。

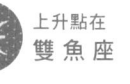 上升點在
水瓶座 *Aquarius*

中性、有個性／冷酷無情

討厭性別刻板印象和「跟大家一樣」，因此穿著打扮及個人物品都比較中性且個性十足。沒有生活感，說話做事也乾脆俐落，因此給人一種缺乏人情味、冷酷無情的印象。

上升點在
雙魚座 *Pisces*

神秘、虛幻／不太可靠

無論男女都給人纖細、柔和、療癒系的印象，是個不會吐槽、只會耍笨的天然呆。有一種輕飄飄、難以捉摸又神秘虛幻的感覺。靠不住的樣子會刺激到對方的保護本能。

2/ 在其他人看來， 什麼才是「我的風格」？

太陽星座代表在職場、學校等正式場合的你，
或是像「講到○○○就想到～」這種平時給人的印象。
是你精神飽滿、把好的一面完全表現出來時的人格。

• • •

星盤怎麼看
請確認「行星位置」表的太陽星座！

 太陽在 **牡羊座**

勇敢無畏的挑戰者

不會把喪氣話和抱怨掛在嘴邊，是用正面樂觀的話語鼓舞周遭的中心人物。會大膽挑戰沒經歷過的事。只要一想到就會馬上行動，所以不管做什麼都進展神速。是個不服輸又肯努力的人。

太陽在 **金牛座**

活在自己的節奏＆世界裡的人

不管在什麼情況下都能不慌不忙地貫徹自己的作法和節奏。有自己獨特的堅持及美學，甘願花時間追求良好的品質。固執得像個專業的老師傅，會把錢花在食衣住上面。

 太陽在 **雙子座**

消息靈通、多才多藝又能幹的人

腦袋轉得快，適應力很強，不論做什麼都得心應手。好奇心旺盛且消息靈通，話題和點子都很豐富。擅長聊天，而且也最喜歡聊天。沒辦法靜靜待在原地不動，一下子就會跑到別的地方。

 太陽在 **巨蟹座**

很看重人情道義，捨身奉獻的人

把家庭和夥伴看得很重，因此很重視互相幫助與內部和諧。很會照顧人，能夠細心為他人著想，更重要的是還會體貼對方的心情。是就算自己在忙也沒辦法對有困難的人見死不救的「老好人」。

太陽在
獅子座

充滿愛的娛樂家

想要讓所有人都能開開心心、樂在其中
的娛樂家精神是一切的原動力。情感豐
沛,反應也很多樣化,但也有為了成為
光輝燦爛的存在而逞強的一面,把背後
付出的努力或辛勞都藏起來。

 太陽在
處女座

「Simple is best」的整理大師

重視CP值,會將時間、勞力和金錢的
浪費全數排除。擅長整理分類和改善流
程(效率化),也有很強的自制力,不
會衝動行事。在健康和金錢方面的管理
也做得滴水不漏。

 太陽在
天秤座

理性的平衡者

公私分明,做事分清楚時間、地點、場
合,是個對任何事情都能毫無偏頗、保
持平衡的人。不會因私情自亂陣腳,總
是理性以對,維持一貫的優雅。故其他
人很難看出你的情緒。

 太陽在
天蠍座

信念堅定,說得少、做得多的人

不會大肆強調自己有多厲害,而是默默
在自己相信的道路上筆直前進,不允許
任何妥協。感覺像是難以隨意親近的大
人物。有很強的洞察力,雖然不常開
口,但切中本質的話語相當有說服力。

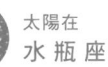 太陽在
射手座

憑直覺生存的孤高哲學家

喜歡站在與人際關係所帶來的紛紛擾擾
保持距離的孤狼立場。相信自己的直
覺,且具備於以往又充滿哲學性的觀
點,會一臉平淡地說出「至理名言」。
興趣廣泛,人脈也很特別。

 太陽在
魔羯座

目標與計畫,可靠的執行部長

無論做什麼都會明確訂定目標、擬訂計
畫,一步一步腳踏實地地執行。不會空
口說白話,而是做好自己實際能做的事
情並取得成果。有很強的責任感,適合
擔任監督管理全體的職務。

 太陽在
水 瓶 座

追求個性的人道主義者

追求自己的個性,同時也尊重他人的個
性。有很強的正義感和平等觀念,堅決
反對社會階級制度以及不講理的歧視。
有開闊的視野、全球化的思維以及很高
的網路素養(internet literacy)。

 太陽在
雙 魚 座

接納與共鳴的氣氛營造者

秉持和平主義,致力於撲滅爭端,是緩
和現場氣氛、帶來療癒的存在。比起堅
持自己的主張,更傾向於對方產生共
鳴,因此也有優柔寡斷的一面。擁有感
受性豐富的藝術家特質。

3 / 哪些是只有自己人才知道的「本性」？

月亮星座代表唯有至親好友才知道的私下人格、你的真實本性。
有的人對此有所自覺，
但有時卻是身邊的人更懂你的月亮星座。

◆ ◆ ◆

星盤怎麼看
請確認「行星位置」表的月亮星座！

 月亮在
牡羊座

橫衝直撞、用本能行動的野人

不會瞻前顧後，將所有精神集中在「此時此刻」。反應快、個性衝動，在動腦思考之前，嘴和身體就會先動起來。性子急躁，容易生氣，但忘得也快，所以不會記仇。做人誠實，不擅長說謊。

月亮在
金牛座

忠於個人需求的自我滿足型

對別人不感興趣，只追求滿足自己的事物。獨自鑽研興趣而不被任何人打擾的時間是最幸福的。有很強的食慾和物慾，故需要相對應的財力。很會撒嬌，所以比較容易得到想要的東西。

 月亮在
雙子座

跟著好奇心到處亂跑

好奇心的集合體。因為想要隨心所欲地行動，所以不喜歡整天黏在一起的關係，但對話交談是一定要的。說話是最好的紓壓方式。因為會同時一心多用，所以注意力較為散漫。

月亮在
巨蟹座

「內」與「外」的界線清楚明確

愛護家人或當地的心比其他人強一倍。總是想照顧身邊的人，經常關心他人，也想被他人關心。由於感受性豐富，情緒容易不穩定，對人的好惡也很分明。是個只敢對熟人大聲的內向的人。

月亮在
獅子座

保持赤子之心長大的人

做任何事情都帶著玩心，擅長享受其中
及炒熱氣氛。以充滿戲劇性的色彩妝點
平凡無奇的日常。基本上是個性格爽
朗、沒有陰暗面的人。生活起居邋遢隨
興。明明怕寂寞卻愛逞強又不會撒嬌。

月亮在
處女座

高潔清廉的「人類觀察家」

在物理、心理和性方面都有潔癖。清楚
自己的職責，有很強的義務感，常把
「你應該～」掛在嘴邊。會按時間順序
詳細了解事情。喜歡分析他人，吐槽精
準到位。手很巧，個性一板一眼。

月亮在
天秤座

私生活與人際關係都充滿品味

讓自己隨時都充滿魅力，在私生活也很
注重美感，食衣住都極具格調。個性隨
和，只要收到別人的邀請就無法拒絕，
因此經常外出。對美麗的事物深深著
迷。習慣拿自己和別人比較。

月亮在
天蠍座

熱衷於單一對象

在意人、事、物的背面或陰暗面。對感
興趣的對象會全心投入、沉醉其中。戒
心很重，就算是面對自己人也鮮少敞開
心胸，但同時卻又希望對方強勢地闖進
自己的內心世界。

月亮在
射手座

明天的事明天再說，隨遇而安的人

生性自由、無拘無束的人。不喜歡事先
計畫，而是以當下的心情為優先考量。
明明人在這裡，心卻常常不知道飄到哪
裡去，經常心不在焉。有流浪的癖好，
總是神出鬼沒。擅長轉換心情。

月亮在
魔羯座

座右銘是安全駕駛，努力不懈的人

認真學習、努力不懈的人，為了維持穩
定踏實的生活拼命奮鬥。個性像家裡排
行最大的小孩，認真懂事，穩重可靠。
因為有很強的責任感，所以經常壓抑自
己的欲望。不擅長讓自己放輕。

月亮在
水瓶座

秉持「別人是別人，我是我」的立場

擁有突破框架的著眼點和發想力。雖然
天資聰穎卻很愛唱反調，難以捉摸。比
起相同的意見更推崇不同的意見，比起
大眾更崇尚小眾。對感情論敬而遠之，
故向你尋求共鳴的人會覺得很寂寞。

月亮在
雙魚座

玻璃心成了藝術性的感性

純真善良。天真可愛的性格讓大家都喜
歡你，但是既敏感、容易受傷又膽小懦
弱。共鳴力強，很容易被對方的情緒感
化。需要有人保護自己，依賴心很重。
有因為逃避現實而產生的妄想症。

其他人是怎麼看我的？

這裡是用來根據第 40 頁～第 45 頁的結果，統整「自己在別人眼裡看起來是什麼樣子」的筆記。

別人眼中的自己會按照①第一印象、②表面上的人格、③私底下的人格這三個階段依序變化。

Q.1

請寫下三個階段的「別人眼中的自己」。

① P40 ～／第一印象（剛認識時對你最初的印象）　　上升點　　　　座

其他人覺得我……

② P42 ～／平常的我（表面上的人格）　　　　　　太陽　　　　　座

其他人覺得我……

③ P44 ～／只有自己人才知道的本性（私底下的人格）　月亮　　　　　座

其他人覺得我……

Q.2

這三個階段有落差或矛盾的地方嗎？

Q.3

知道結果後，我有什麼感想？
在這三個階段當中，我對哪一個最有感？

from miraimiku ～～～～～～～～～～～～～～～～～～～～～

從客觀的角度了解「別人眼中的自己」
也是認識自己不可或缺的步驟。

　　有的人第一印象與實際人格之間存在落差，有的人則沒有；有的人表面人格與私下人格很相似，有的人卻相反。雖然每個人都不一樣，但舉例來說，「『太陽的我』和『月亮的我』，我比較容易感受到哪一個？又是哪一個比較容易顯露在外？」思考這些事情也是認識自己的重要步驟。

4 我適合哪一種 顏色和穿衣風格？

從上升星座可以看出適合你的顏色和打扮。
這裡要介紹的不是你喜歡的，而是實際適合你的。
在面試、發表會等等的重要場合可以注意一下。

◆ ◆ ◆

星盤怎麼看
請確認「行星位置」表的上升星座！

本頁說明需參考出生時間。快去查一查自己的出生時間吧！

上升點在
牡羊座

大膽魅惑且狂野奔放

鮮豔的顏色，尤其是紅色、粉紅色。以突顯身材曲線的服裝或豹紋、皮革外套、網襪、高跟鞋等等展現狂野奔放的誘人魅力，也可以在墨鏡、眼鏡或帽子上下功夫。

上升點在
金牛座

比起設計而重視質感

大地色，尤其是綠色。設計要舒適寬鬆，重視材質和質感勝過一切！例如喀什米爾羊毛或絲綢之類的高級材質。多花點心思在項鍊、圍巾等用來點綴胸口的配件上。

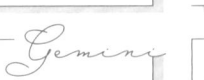

上升點在
雙子座

輕盈、流行、不做作

明亮的顏色，尤其是黃色或天藍色。衣服和配件都要注重清爽感和輕盈感。自然而然地融入一些修身服裝、小巧簡約的設計、機能性或時下流行的風格也頗具時尚感。

上升點在
巨蟹座

打造安心感與懷舊感

所有色調比較淡的馬卡龍色。適合帶點圓潤、柔和的設計，然後再用棉製品、蕾絲或手工製作的小配件營造出復古懷舊的氛圍。首飾的部分則和珍珠是絕配，契合度極佳。

上升點在
獅子座

華麗&豪奢

暖色系，尤其是橘色，也適合金色。多留意大花紋、大尺寸、大膽的設計，以及看起來亮晶晶或精品名牌這些「華麗&豪奢」的風格。飾品則是搭配鑽石等珠寶的單點豪華主義。

 上升點在
處女座

把知性和整潔擺第一

首選絕對是白色，其次則是深藍色。服裝要把知性和整潔擺在第一位，例如白襯衫、外套、西裝風這種正式&基本的款式，也很適合制服或禮服。可以少量配戴一些純銀飾品。

 上升點在
天秤座

重視形狀和輪廓

馬卡龍粉紅色或象牙白色。都會時尚的穿搭以及保守系的風格保證絕對安全。比起設計，更重視形狀及輪廓的美，請根據時間、地點、場合選擇最適合的衣著搭配。

 上升點在
天蠍座

暗藏的魅力使你妖豔動人

濃厚的顏色，尤其是黑色、酒紅色。少露一點胸，靠下半身一決勝負。例如用開衩的裙子這種若隱若現的服裝展現妖豔動人的魅力，也要用心在唇彩、香水和貼身衣物上。

 上升點在
射手座

自然休閒的「率性感」

紫色、寶藍色以及適合帶點男孩子氣的中性風&運動風。用運動衫、連帽上衣、丹寧類或民族風的服飾製造自然休閒的率性感，也可以在帆布鞋、靴子等鞋類上多下點工夫。

 上升點在
魔羯座

成熟大人的深度

黑色、棕色、卡其色等成熟穩重的大人色調。用心留意精緻典雅、講究質感的時尚風格，可以利用經典老牌的服飾或古典風味的小配件營造高級感，也很適合和服或其他的日本傳統服飾。

 上升點在
水瓶座

不是超樸素就是超奇怪

帶有金屬質感的銀色或藍色。衣服只有超級樸素和超級奇怪兩種選擇，橫條紋最經典不敗。也很適合新銳小眾品牌的服飾，以及迷幻風或無性別風的穿著打扮。

 上升點在
雙魚座

俏皮可愛的少女風服飾

海藍色、白色、具有透明感的顏色。適合花紋圖案、緞帶、荷葉邊、傘狀衣襬、雪紡等俏皮可愛的設計和材質。如果營造出宛如妖精般的神祕氛圍會有更好的效果。

5 / 我的魅力在哪裡？

從金星星座可以看出你受人喜愛、令人著迷的地方。
縱使你對此毫無自覺，又或者是缺乏自信，
這些部分在他人眼中仍充滿魅力。
別否定了，坦然接受吧！

• • •

星盤怎麼看
請確認「行星位置」表的金星星座！

 金星在
牡羊座

純真無邪的開朗及坦率

開朗的氛圍、表情和言行瞬息萬變，讓
人怎麼看都看不膩。為人坦率直接，好
似孩子般天真爛漫。總是付出最大的努
力，在該表現的時候好好表現，充滿男
子氣概的果決也是魅力所在。

 金星在
金牛座

始終如一的安心感

待人始終保持著溫和、沉穩又高雅的態
度。總是能帶來暖心、安心的感覺，不
會因為對象、情況或時間而有所不同。
只要和你待在一起就會莫名放心，不給
人壓迫感的時尚品味也是魅力之一。

 金星在
雙子座

話題、點子和資訊的寶庫

雜學王兼萬事通，很會聊天，聊起來會
很開心。例如最新流行、熱門名店或有
趣的話題等等，令人恍然大悟的資訊一
個接著一個說個不停。帶領其他人找到
新的發現或點子。

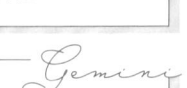 金星在
巨蟹座

像在家裡一樣舒適溫暖的人情味

非常為家人及夥伴著想，把別人的事情
當成像自己的事情一樣用心看待。具有
堪比血緣至親般的溫柔體貼及包容力，
以及令人懷念的熟悉滋味。庶民風格的
簡單嗜好也有療癒人心的魅力。

金星在
獅子座

光彩奪目卻極其自然

充滿存在感，明明只是靜靜待著就會散發出耀眼光芒，即使那只是你未經修飾的自然原貌。在光鮮亮麗中帶著一股威嚴及風采，若為女性則比起可愛更偏向帥氣。不論男女都對你崇拜有加。

金星在
處女座

潔白無瑕、凜然肅穆的生活態度

出淤泥而不染、清廉高潔、不矯揉造作、不阿諛奉承的正直人品。散發透明感與清潔感，討厭作弊或不當手段，貫徹正面進攻的作法。做事細心機靈，堪比祕書的支援能力也是魅力所在。

金星在
天秤座

理想的進退應對

穿著打扮、用字遣詞和舉手投足，從私人物品到登門拜訪的伴手禮，全部都很講究。即使在無須講究禮數的場合也會流露出高雅的氣質。對任何人都能從善如流的平衡感也是魅力之一。

金星在
天蠍座

藏於拘謹之中的強大

堅定、正直且默默貫徹自身信念。專一的思念與全心全意的愛。藏於心中的熱情。連黑暗面也能全盤接受的強大。因為害羞而顯得拘謹，以及自然流露出來的女人味也是魅力之處。

金星在
射手座

令人感到放鬆的存在

待人寬宏大量，不會對枝微末節的小事喋喋不休，能從大局的角度把握重點。緩解他人的緊張感或罪惡感、拿捏得恰到好處的知性與野性以及獨特的藝術品味也是魅力所在。

金星在
魔羯座

宛如白蘭地一般的成熟韻味

不會給人輕浮的感覺，具備成熟大人的穩重及風韻。「可以放心把事情交給這個人」的安定感和信賴感亦無人能及。魅力之處在於，比起表面上的光鮮亮麗，更堅持優良的品質與真材實料。

金星在
水瓶座

不分性別、不帶偏見的獨特世界

有邏輯的、多方面且不偏袒特定對象，永遠保持公正。讓人想尋求客觀意見的諮詢專家。興趣嗜好和人際關係也相當多元且獨樹一格，是個新鮮、刺激的人，亦具備無性別的吸引力。

金星在
雙魚座

存在本身就很奇幻

像萬花筒一樣，會隨著觀賞的角度而改變顏色和形狀，具有令人難以捉摸、不可思議的氣質及輕盈柔和的空氣感。有一種脫離現實、既神秘又奇幻的魅力。

6 / 我發自本能的渴望 是什麼？

月亮星座代表無法用理性控制的無意識欲求，
「靈魂所追求的本能渴望」。
這種發自本能的渴望也許是你所有情感與行為的動機也說不定喔！

◆ ◆ ◆

星盤怎麼看
請確認「行星位置」表的月亮星座！

♈ 月亮在
牡羊座 *Aries*

總而言之「想要趕快前進」

今日勝於昨日，明日勝於今日。就算只有一點點也好，想要有自己「正在前進的實感」。想要不管三七二十一先行動、前進或盡快做出決定。想要站在前方、領先眾人讓眼前的世界動起來！

♉ 月亮在
金牛座 *Taurus*

想要握在手中「維持下去」

驅動所有感官細細品鑑，只把自己真正欣賞的事物握在手裡（＝擁有）。無論如何都非常想將這些一點一滴慢慢堆積起來的個人資產——即「my world」留在手中。

♊ 月亮在
雙子座 *Gemini*

想澈底調查後再「選出最佳對策」

想要蒐集、調查所有知識及資訊，比較並檢討各種方向性和可能性之後，再選出「對現在的自己最好的對策」。就算不選，也想為了將來未雨綢繆。無知是一種損失。

♋ 月亮在
巨蟹座 *Cancer*

想要一起「共同分享」

對擁有共同回憶的人懷有堅定的安心感及深刻的情感，尤其需要家人之間的情感連結。強烈渴望同理而非解決問題的對策。想要對方了解自己的心情，也希望自己能了解對方的感受。

月亮在
獅子座

想要靠真正的實力「獲得認同」

想成為用自己身上散發出的光芒為周遭帶來正面影響的壓倒性存在。希望身邊的人認為自己是這樣的人，會為了成為「帶來希望的英雄」不屈不撓地付出超越常人的努力。

月亮在
處女座

想要「整理得井然有序」

想要把自己的職責、目的、時間、行程及收支等等的「to do」明確整理好並確實掌握。同時也要求物理上的正確性與整合性，例如把東西依序排好、將亂掉的線對齊。

月亮在
天秤座

想要毫無偏頗地「受眾人喜愛」

也許跟「想要被愛」比起來，「不想被討厭」的欲望還更加強烈。深知對方的喜好和在意的點，善於掌握人心。想要藉著充滿魅力的談吐舉止受到所有人的喜愛。

月亮在
天蠍座

想要100%「填滿所有空隙」

無論是對人還是對事都強烈渴望能「澈底掌握對方的一切」。希望完全沒有自己不曉得的部分，或是讓對方說謊或背叛的餘地。想要一模一樣、融為一體或產生同化。

月亮在
射手座

想要「知道為什麼」

人為什麼存在？為什麼擁有生命？天空為什麼是藍色的？我們眼中所見的顏色是什麼？想要從「最根本的部分」開始弄清這個充滿謎團的世界，所謂的人生是一場「尋找答案的旅程」。

月亮在
魔羯座

想要在社會上「獨立」

想實現在社會當中的重要任務，取得在社會上具有價值的成果或成功。經濟獨立和能夠自力更生也是重要的人生課題。不喜歡被別人管，而是喜歡站在管理他人的立場。

月亮在
水瓶座

想要「得到身而為人應有的尊重」

希望其他人尊重自己的意見、價值觀及生活方式。對尊重的強烈渴望更勝於共鳴、同步和肯定，對對方也會澈底抱持尊重的態度。每個人都不一樣，各有各的好。你想要打造一個這樣的社會。

月亮在
雙魚座

想要相信「人的善意」

因為既脆弱又膽小，總是對「人類社會」心懷恐懼，但與此同時，卻又很想要相信人類。即使受到傷害、即使遭到欺騙，內心的某個角落依然相信對方。希望壞人和罪犯都有一顆常人的心。

7 / 我發自本能的憂慮是什麼？

與前一頁的「發自本能的渴望」成對的是「發自本能的憂慮」。
人類對於欲望無法獲得滿足的狀態會感到憂慮、不滿和恐懼。
了解自身渴望及憂慮的「相對性」是很重要的。

◆ ◆ ◆

星盤怎麼看
請確認「行星位置」表的月亮星座！

 月亮在
牡羊座

毫無進展
你對保留、停滯這種靜止的狀態有強迫觀念。不但沒有進步，甚至反而像在退步的感覺使你心神不寧。這導致你性子急躁，無法耐心等待。做事的時間軸比一般人短非常多。

 月亮在
金牛座

沒辦法握在手中
把事物以有形的狀態留在手中會讓你感到十分放心，故對於難以捉摸的情況或曖昧不清的口頭約定等等則會感到極度不安。另外也很害怕堆砌起來的「資產」會消失不見。

 月亮在
雙子座

只能選擇一個
因為有自覺自己會一下想這樣、一下想那樣地改變心意，所以很擔心「只有一條路的情況」。總是想保留其他的選項或可能性，好讓自己隨時都能隨心所欲地改變路線。

 月亮在
巨蟹座

沒有像家人般的心靈羈絆
由於你是透過與家人之間的互動或回憶來認識自己，因此家庭的健康狀態會對你內心的穩定性產生劇烈影響。尤其很容易對「母親」的存在懷抱強迫觀念，有戀母情結。

月亮在
獅子座

沒有來自周遭的反應或評價

你是要靠「想透過自己這個人的存在拯救或守護他人」的使命感才能努力的類型，因此會對「沒有我也沒差」的情況產生無盡的憂慮和無力感。發光發熱可不能少了來自他人的認可及讚賞。

月亮在
處女座

混沌不明與凌亂不堪

想把所有事情整理得有條不紊，完美掌握並管理每個細節，因此對於精神上及物質上「雜亂無章的狀態」都會感到不安和壓力。反過來說，就是不想和無法整理的事物扯上任何關係。

 月亮在
天秤座

被別人討厭

對於被討厭、被拒絕有非常深的強迫觀念。習慣隨時隨地觀察周遭其他人的臉色或反應，忍不住去扮演他們喜歡的理想人設。把對方的喜好看得比自己的喜好更重要。

 月亮在
天蠍座

遭他人的謊言欺騙

對於事情有自己不曉得的部分，特別是可能被他人以謊言欺騙的情況有很深的強迫觀念。如果對方是人的話，為了防止對方說謊或背叛自己，你會下意識地試圖控制對方。

 月亮在
射手座

沒有自由的空間

對事情的結論、結果以及未來預定要做的事情或目的地已經通通被決定好的狀態會產生龐大的壓力與強烈的失落感。會在還沒找到答案或未來發展尚未明朗的情況看到希望並感到活力充沛。

 月亮在
魔羯座

成為不成熟的社會人

對於沒有完成身為社會人應盡的職責或無法實現經濟獨立感到非常不安且無地自容。因為有很強的責任感，所以很容易責怪自己不中用並受到罪惡感的折磨。

月亮在
水瓶座

被別人強迫

有人強迫你接受某件事情、擅自幫你做決定或把你與他人混做一談會對你造成很大的壓力。以宏觀的視野來看，你對所有毫無道理地無視、侵犯自己以及他人人權的事情都有強迫觀念。

月亮在
雙魚座

被他人傷害

對於人類的自私所造成的紛爭、攻擊、滅絕感到受傷、痛心和畏懼，時時刻刻在擔心受怕。擔心自己沒辦法在人類社會獨自存活。需要保護自己的庇護所或可以依靠的存在。

8 / 我的情緒傾向是什麼？

自己容易產生什麼樣的情緒？
這種情緒容易抒發嗎？容易壓抑嗎？
只要看月亮星座就可以知道你的「情緒習慣」。

• • •

星盤怎麼看
請確認「行星位置」表的月亮星座！

Aries

♈ 月亮在
牡羊座

直接且具有攻擊性的情緒

情緒會直接反映在表情或態度上面，表現情緒的方式單純率直，喜怒哀樂都很好懂。不服輸的個性導致你會把苦惱轉換成憤怒的情緒。最不甘心的事情是輸給自己。

Taurus

♉ 月亮在
金牛座

遲鈍且保守的情緒

情緒反應較為遲鈍，要經過一點時間才會真正有感。雖然感覺會在之後越來越強烈，但容易因為想避免發生摩擦或改變而置之不理。相較於情緒，更看重實際感觸或生理反應上的「舒服與否」。

Gemini

♊ 月亮在
雙子座

瞬息萬變的情緒

情緒反應過於敏銳，甚至可能在真正感覺到之前就跑掉了。即使在某個瞬間感受到喜怒哀樂也維持不久。比起情緒型更接近思考型；比起用心感受，更傾向用頭腦思考。

Cancer

♋ 月亮在
巨蟹座

情緒化且有共鳴的情緒

情緒哀樂的對比在十二星座當中最為明顯，而且情緒起伏非常劇烈。對自己及他人的情緒都會敏感地產生反應。完全的情緒型人格，容易因為感情用事變得歇斯底里。

月亮在
獅子座

主觀且戲劇化的情緒

情緒總是很主觀並缺乏客觀性，容易從第三人稱視角把沒那麼誇張的事情看得很嚴重。感受喜怒哀樂的方式莫名帶有戲劇性。會把沉浸在自己的情緒裡當成是一種「體驗」。

 月亮在
處女座

客觀且冷靜分析的情緒

比起情緒型更像理性型，會客觀分析自己以及他人的情緒再去對應。追求符合實際的解決辦法，所以會把自己和他人的情緒冷靜地切割開來，不會感情用事。

月亮在
天秤座

被動且以對方為重的情緒

過度重視對方的情緒反而讓你難以看清自己的情緒。討厭庸俗土氣及毫無保留的坦誠赤裸，因此原本就不太擅長處理情緒。永遠保持一樣的表情和音調，喜怒哀樂不形於色。

 月亮在
天蠍座

永久、深遠且執著的情緒

情緒的反應很慢，有時間差，但是會半永久性地維持。情感不是多面向的，而一直都又深、又重、又濃厚。對自己被情緒吞沒的情況有所自覺，會加以掩飾以避免被他人察覺。

 月亮在
射手座

直覺且快樂的情緒

情緒的反應本身很快，但若是快樂的情緒就會延續下去，若是負面的情緒則會迅速捨棄。跟情緒相比，更崇尚從情緒當中分離出來，彷彿來自異次元的靈光乍現或靈感啟發。

月亮在
魔羯座

自律且壓抑的情緒

情緒迴路既密集又敏感，但通常表現得很理性。會用「應該做什麼」的社會標準規範及壓抑「自己想做什麼」這種個人情緒或對快樂的渴望。自制心非常強，奉行禁慾主義。

 月亮在
水瓶座

從第三人稱視角俯瞰的情緒

把導致自己無法做出正確判斷的情緒從肉體剝離。不會對其他人產生同理心，甚至還會以第三人稱視角俯瞰自己的情緒。會試圖不被情緒左右，堅持公平公正的觀點。

月亮在
雙魚座

感傷且多愁善感的情緒

情緒極度敏感，特別容易沉浸在悲傷或自憐的情緒當中，淚腺發達。對他人也有很強的同理心，還很容易對戲裡的角色產生情感投射。如此細膩的情感會連接到抒情的感性及表現力。

基本特質

The real me

9/ 能讓我打從心底感到安心的事情是什麼？

月亮代表私人領域及我們纖細的內心世界。
從月亮坐落哪個宮位可以看出讓我們感到安心的事情。
請在憂慮不安或心情浮躁的時候作為參考吧！

• • •

星盤怎麼看
請確認「行星位置」表的月亮在哪一宮！

本頁說明需參考出生時間。快去查一查自己的出生時間吧！

---

1 house

 月亮在
第 一 宮

從思緒中獲得解放

一個人獨處的時間，從思緒中獲得解放。不用在意任何人的目光，也不用動腦思考，隨心所欲度過的時間是你最放鬆的時候。事情進行得毫無滯礙、一帆風順時也會讓你感到無比安心。

---

2 house

2 月亮在
第 二 宮

富裕的生活與滿足感官享受

不用為錢操心的狀態會為內心帶來安定。討厭變化，一如往常的時間、風景和生活才令人安心。滿足感官享受也是一大要事，被宜人的香氣或舒適的觸感包圍的感覺讓你很放心。

---

3 house

3 月亮在
第 三 宮

能獲得提升知性、學習新知的時間

你會透過學習知識或技巧來獲得安心感。參加讀書會、研討會或才藝班讓你感到非常滿足，與朋友們閒話家常或是在住家附近散步也可以排解壓力、帶來療癒。

---

4 house

4 月亮在
第 四 宮

在家裡盡情放鬆的時間

自己家是神聖的領域。待在家裡或是和家人、寵物一起度過的時間就是最好的療癒。假日比起外出更想在家度過，就算什麼事都不做、沒有任何交談也沒關係，只要待在一起就令你心滿意足。

5 月亮在
第 五 宮

富有創造力且成為矚目焦點的時刻

全心投入在藝術創作的時間。成為萬眾
矚目的焦點或受到大家稱讚時,內心也
會覺得非常滿足。害怕寂寞,相較於空
無一人、安靜無聲的地方,待在熱鬧喧
嘩的地方會比較安心。

6 月亮在
第 六 宮

做有益身體健康的事

做一些有助於保持身體健康的事情會為
身心靈帶來滿足並感到安心自在,例如
推拿、按摩、針灸、瑜伽、上健身房或
實施健康飲食等等。打掃房間或整理東
西也會讓內心感到安定。

7 月亮在
第 七 宮

讓自己變得更美麗動人

與戀人或伴侶建立良好的關係是讓你最
安心的事。正因如此,你才希望自己隨
時充滿魅力。到美體工作室、美甲沙龍
或美容院等地方,讓自己的外表變得更
漂亮的時間會為內心帶來安定。

8 月亮在
第 八 宮

靈魂與靈魂的連結

能夠感受到心心相印的深厚羈絆令你無
比滿足,分享只有彼此才知道的祕密會
製造出像共犯一樣的恍惚感。神社、寺
廟等神聖場所或是抄經、冥想等神祕時
間能讓你很放鬆。

9 月亮在
第 九 宮

到鮮為人知的某處旅行

例如沒有行程的旅遊或國外旅行,這種
不被任何人、事束縛的自由時間是最好
的療癒。要是難以實現的話,只要透過
閱讀等方式模擬旅行的體驗即可。置身
於原始的大自然中也是很棒的選擇。

10 月亮在
第 十 宮

在社會上佔有一席之地

在社會上成為被需要的人令你安心。就
算已經有自己的家庭,在外界擁有屬於
自己的職責或歸屬仍會為內心帶來安
定。覺得充滿歷史感的建築、專家老練
的技術和老店的滋味非常療癒。

11 月亮在
第 十 一 宮

擁有可以產生共鳴的夥伴

志同道合的同志、能夠互相傾訴夢想或
目標的夥伴,這些存在使人無比安心。
參加超越性別、年齡或利害關係的社
群,或是志工服務或與社會福利有關的
活動也是心靈的安定劑。

12 月亮在
第 十 二 宮

與日常或社會隔絕的時間

度過自己專屬的祕密時光是最極致的放
鬆。能不能定期擁有一個人獨處的時間
或空間是關乎死活的嚴重問題。以暱稱
示人的網路虛擬活動也有助於維持內心
的安定。

10 / 我最喜歡什麼？

金星是你裝著滿滿幸福的寶箱。
感受到喜悅、快樂、幸福的時候，代表金星正在全力運作。
從金星星座可以看出你會「在什麼時候感到幸福」，
又會在什麼時候綻放出燦爛笑容。

星盤怎麼看
請確認「行星位置」表的金星星座！

Aries

♈ 金星在
牡羊座

初體驗！滿心期待新的挑戰

你在開始嘗試新的事物、追求喜歡的目標時最神采飛揚，可是也有一得到結果，就頓時變得興趣缺缺的傾向，也非常喜歡能夠盡情活動身體的休閒娛樂或體育活動。

Taurus

♉ 金星在
金牛座

用自己的審美標準網羅收藏

你在讓敏銳的感官全力運作的時候最幸福。用高格調的審美標準蒐集喜歡的事物納入收藏，只要在不會被干擾的地方獨自欣賞「寶物」便會露出滿足的微笑。美味的食物也是你的最愛。

Gemini

♊ 金星在
雙子座

蒐集有趣的話題再傳遞出去！

熱愛聊天勝過一切。藉由到處蒐集新的話題，把得到的資訊或自己的經驗用話語傳遞出去來獲得滿足感，也很喜歡絞盡腦汁把東西改成自己的風格和旅行、散步。

Cancer

 金星在
巨蟹座

與家人或同伴共處的時光

當心愛的家人或同伴圍繞在自己身邊，彼此分享內心的情感或共同的回憶，這樣的時間是最幸福的。在被其他人需要時也會有強烈的幸福感。擁有能夠付出所有的對象或歸屬與幸福息息相關。

金星在
獅子座

充滿戲劇性＆華麗感

非常渴望自己這個人的存在能夠讓身邊的人露出笑容，表現自己並沐浴在歡喜的讚美當中是你最大的幸福。最喜歡帶有驚喜感的呈現和鋪張華麗的世界觀。討厭小氣窮酸。

金星在
處女座

整理得整整齊齊就大功告成了！

最喜歡均勻平等、沒有絲毫浪費或凌亂的狀態。打掃或洗車也會不小心越做越認真，在最後清潔完畢、擦得閃閃發光時感到幸福無比。切中需求的關懷或幫助受到讚賞也使你內心喜不自勝。

金星在
天秤座

希望身邊圍繞著美麗的事物

純粹對美麗的事物愛不釋手。欣賞或接觸到美麗的人、藝術、文化、衣服或家具讓你覺得很開心、很療癒。當自己挑選的美麗事物受到褒獎時，會在心裡擺出勝利的手勢。

金星在
天蠍座

投入極度狂熱的世界

埋頭在自己認定的對象身上是你覺得最幸福的時刻。喜好和興趣非常極端。當你從對方上發現與自己的共通點，意識到彼此心心相印、惺惺相惜的瞬間，整個人會開心得要瘋了！

金星在
射手座

可以一個人為所欲為的自由

什麼都沒決定好的狀態是最幸福的，會焦急地等待靈感從天而降的瞬間。你最喜歡絞盡腦汁擬定策略，在玩解謎遊戲、安排旅行計畫或是正在單戀別人的時候，整個人顯得容光煥發。

金星在
魔羯座

享受慢慢累積的價值

你很讚賞歷史悠久或背景深遠的文化及傳統。凡事講求貨真價實，沒有被流行牽著鼻子走的跟風特質。醉心於骨董、年代久遠的物品以及老店的滋味或工藝品。喜歡在遠離都市的靜僻場所生活。

金星在
水瓶座

具備知性和發展性的交流與鑽研

不去迎合或受限於既有觀念，保持「自己的流派」才會覺得幸福。總是想要接觸顛覆常識的創新思想或價值觀，對於超越性別、年齡和國籍的知識交流會表現出積極的態度。

金星在
雙魚座

充滿幻想＆創造力

陶醉在無法化為言語的世界。例如美的世界、愛的世界、神祕的世界或非現實的幻想世界。在音樂、文學或藝術等領域中所得到的共鳴或一體感會讓你有幸福的感覺，也很喜歡喝酒。

The real me

11 / 我會對什麼事情投入熱情？

火星代表你的熱情、好勝心及陽性能量。
當你無論如何都想要某樣東西時，表示火星正在用力發功。
從火星星座可以看出你會「對什麼事情發揮熱情或積極性」，
又會對什麼事情燃起熊熊鬥志。

• • •

星盤怎麼看
請確認「行星位置」表的火星星座！

 火星在
牡羊座

獲得勝利、向前邁進

你是個想要什麼就會靠自己去獵捕的獵人，擁有源自於本能的直率熱情。喜歡當第一，討厭當第二。非常好勝，堅持一定要比出輸贏。有競爭對手時比較能夠發揮本領。

 火星在
金牛座

得到金錢或物品的欲望

勇於追求想要事物的衝勁無人能及！平常與世無爭的草食動物模式會變成鬥牛模式，這種模式下的魄力甚至會讓人感覺到大地在震動。無論如何都想要的東西，一旦得到就決不放手。

 火星在
雙子座

移動、變化及擴散

經常為了追求新話題而外出「狩獵」，將得到的知識或資訊擴及周遭。無法停留在一個地方。重量不重質，會同時進行好幾件事。多才多藝，所以也有樣樣通但樣樣不精的一面。

 火星在
巨蟹座

保護自己的歸宿

會把精力用來為親愛的家人或同伴犧牲奉獻及照顧他們。對外表現得內向害羞，對內的態度卻蠻橫霸道。無論是愛情還是怒氣，你所有熱情的出口都不是朝外，而是朝內（自己人）。

火星在
獅子座

藉由表現自己來獲得評價

你會把熱情投注在透過某種形式來表現自己的創作活動，例如舞蹈、音樂、繪畫或寫作等等。想讓自己真正的個人實力得到評價，因此會毫不妥協、嚴以律己地努力提高品質。

 火星在
處女座

有效率且快速地把事情做好

痛恨浪費，會拼命想做到效率化、合理化、規則化以及流程化。討厭手上還有尚未完成的工作，想盡快解決。為了實現這個目標，還會澈底做好責任分工及時間管理。

 火星在
天秤座

讓自己隨時保持從容不迫的態度

討厭有如餓虎撲羊般的迫切感，無論何時都會貫徹從容優雅的儀態。在食衣住還有人際關係上也以時髦有品味為目標。很擅長陪伴及招待他人，只不過也有八面玲瓏的傾向。

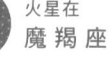 火星在
天蠍座

對人和對事都要完全稱霸

雖然要打曠日費時的持久戰，但一定會憑執著把想要的東西弄到手。澈底掌握對方（人、事、物）的一切才會放心，故控制欲和獨佔慾都很強。熱衷研究，一旦要做就做到澈底。有御宅族氣質。

 火星在
射手座

提升自己的等級

上進心很強，熱衷於像打電動一樣讓自己的等級向上提升。做事全憑直覺，像子彈一樣飛奔至冒險的世界。痴狂且沉迷於未知數上賭一把，是個神出鬼沒的賭徒。

 火星在
魔羯座

取得社會上的評價或成就

會為了在社會上備受需要、取得成就或成為具有社會價值的人而拼命奮鬥。就算是全職家庭主婦，也會在親師協會或社區互助會之類的地方發揮積極性。與社會之間的交流互動是不可或缺的。

 火星在
水瓶座

不成群結黨，走自己的路

選別人不選的那邊，走別人不走的路。會為了讓自己一直是與眾不同、獨一無二而發揮積極性，因此有很多與周遭格格不入的言行。沒辦法參與團體行動。喜歡汽車或機車。

火星在
雙魚座

保護弱小及被人保護

追求療癒並守護受傷的人，會在跟兒童、年長者、動物、醫療或志工服務有關的事情上發揮熱情與積極性。並且會迫切追求能用一樣的方式療癒自己、守護自己的存在。

12 / 我生氣時有什麼傾向？

掌管「戰爭」的火星也代表你的憤怒和攻擊力。
當我們生氣或吵架的時候，是火星在全力運作。
一起來了解自己「容易為哪些事情生氣」，
又會「如何表達憤怒」吧！

• • •

星盤怎麼看
請確認「行星位置」表的火星星座！

 火星在
牡羊座

廢話少說，你快一點啦！
當事情毫無進展、懸而未決，或是被迫
在不清不楚的狀況下等待都會讓你覺得
非常焦慮。聽到迂迴冗長的談話也會忍
不住一肚子火。憤怒會直接表現在言語
或態度上。

 火星在
金牛座

不要打亂我的步調啦！
你有自己做事情的方法和節奏，所以一
旦受到催促或干擾就會大發脾氣。一如
既往才是幸福，經常出現變化的環境則
使你備感壓力。驚喜完全不會帶來任何
喜悅。生氣時傾向沉默不語。

 火星在
雙子座

你有在聽我說話嗎？
總之希望對方可以給一點反應。雖然覺
得沒有回答或已讀不回這些「毫無反
應」的情況很氣人，但敷衍了事的回應
同樣也令人惱怒。會乾脆且冷淡地拋棄
那些聊天時不會流暢接話的人。

 火星在
巨蟹座

對不起……遷怒於你！
在外面的時候比較害羞，會把想說的話
或怒氣忍下來往肚子裡吞。另一方面卻
又很容易將在外累積的壓力或怒氣失控
地爆發在自己人身上，會反省自己的這
種行為並自我厭惡。

火星在
獅子座

沒有我也無所謂吧？

自己遭人瞧不起或被無視的時候會大發雷霆並關上心房。「算了」、「不幹了」、「分手吧」，這些臺詞是你正在鬧彆扭的證據。少了自己也沒差的環境或幕後工作也會造成壓力。

火星在
處女座

拜託你好好整理啦！

精神上和物理上的雜亂無章都會造成壓力。你想把工作、生活和人際關係全部整理得乾乾淨淨，無法原諒有人散漫邋遢。遲到或爽約完全不在討論範圍。生氣時會用「你應該～」斥責對方。

火星在
天秤座

這樣不公平吧！

因為是天秤，所以沒辦法忍耐工作量或評價的不平等，就算是跟自己無關的事情也絕不允許。對大剌剌干涉別人私事這種沒禮貌又粗神經的人也會火冒三丈。生氣時會拉開距離。

火星在
天蠍座

你竟然說謊騙我！

你最討厭說謊、作弊和不正當的行為。尤其當你發現到自己被別人用謊言欺騙時，情緒會超越憤怒變成憎恨。你也很善妒，如果戀人或配偶和別人太親密就會發飆。生氣時會策畫復仇的戲碼。

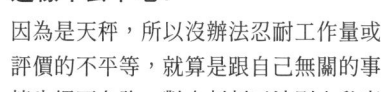

火星在
射手座

不用擔心，別管我！

有人擅自幫你決定行程、追究你要去什麼地方，這種毫無自由、受到約束的狀態會使你的壓力到達臨界值。對每個小地方都要一一插嘴的人也會讓你覺得很煩。生氣時會一個人獨自外出。

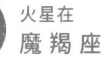

火星在
魔羯座

身為一個社會人，這像話嗎？

一旦正在做的事情被別人蠻橫打斷就會怒不可遏。最討厭瞧不起社會規則的人和總是出一張嘴的人，以隨便的態度對待時間或金錢的人根本不值一提。生氣時會用「這是常識」追殺對方。

火星在
水瓶座

這也太不講理了吧！

被強迫、被妄下定論，或是被既有概念或一般常識的框架套住都會引發你的強烈反彈。面對人權遭到組織或權力不當威脅的情況也會擺出對抗到底的態度。生氣時會用講道理的方式駁倒對方。

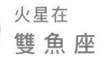

火星在
雙魚座

我絕不允許有人欺負弱小！

看到立場弱小或受傷的人受到不平等的折磨時，你的內心會燃起熊熊怒火，然而這個無能為力的自己也同樣讓你滿肚子氣。你相信會帶來救贖的不是憤怒，而是祈禱。

13 / 我的金錢觀如何？

從第二宮的星座可以看出你的金錢觀。
你會用什麼態度對待金錢？
容易把錢花在哪些事情上？
只要了解花錢的傾向，便能同時看出自己需要注意哪些地方。

◆ ◆ ◆

星盤怎麼看
請確認「宮頭」表的第二宮是什麼星座！

本頁說明需參考出生時間。快去查一查自己的出生時間吧！

Aries

♈ 第二宮是
牡羊座

容易衝動的金錢觀

不擅長儲蓄，有多少錢就花多少錢。不在乎存款，容易根據當下的心情衝動購物。雖然會因為買到新東西而感到滿足，但並不執著於物品本身，就算買了也很快就膩了。

Taurus

♉ 第二宮是
金牛座

也許把儲蓄和投資當成興趣

和花錢相比，賺錢或存錢更令你開心，會頻繁確認存摺或存款餘額。你也很適合投資。雖然生性節儉，不會胡亂花錢，但是對於像遺產這種可以白拿的錢則絕不放過。金錢慾和物慾都很高。

Gemini

♊ 第二宮是
雙子座

知識才是一輩子的資產

求知若渴，在關於學習知識或是提升自身能力的事情上花錢不手軟。因此在食衣住和美容方面比較節省。收入及支出的金額變化都傾向小幅度且流動的。

Cancer

 第二宮是
巨蟹座

情緒會直接影響用錢的穩定度

情緒的起伏跌宕會直接影響你的用錢方式。情緒平穩時，用錢踏實而節儉；一旦情緒出現混亂，則很容易陷入購物依存症無法自拔。比起為了自己，更傾向為了別人花錢。

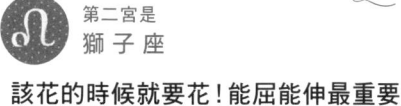

第二宮是
獅子座

該花的時候就要花！能屈能伸最重要

因為想在紀念日或節慶活動等重要時刻大肆揮霍，所以平常走的是節儉路線。會在跟藝術、娛樂有關的事情上花錢。基本上算錢都只抓大概，不清楚自己有多少收入和支出。

第二宮是
處女座

寫記帳本認真理財

你會想鉅細靡遺地把握並分析每一天的財務收支，可能喜歡以手寫的方式記帳。在金錢方面步步為營，幾乎不太會有比較龐大的收入或支出。大賺一筆時搞不好反而會感到擔心受怕。

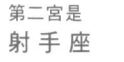

第二宮是
天秤座

美容是生命，人脈是財產

會不惜一切地投資在保持美麗的外表以及美容和打扮上，交際費通常也相當可觀。是會在別人看得到的地方花錢，除此以外省吃儉用的類型。雖然無法儲蓄，但很容易從人脈發展財源。

第二宮是
天蠍座

非常極端的金錢觀

在花錢和不花錢的時候是兩個極端。雖然是鮮少購物的儲蓄型的人，可是一旦要買就會毫不猶豫地果斷下手。很容易收到或繼承來自他人的有形及無形的資產。

第二宮是
射手座

錢是會到處流動的

對錢毫無執著，認為富貴在天。覺得錙銖必較也沒有意義，抱著「船到橋頭自然直」的心態得過且過。不擅長有計畫地儲蓄或運用，沒有執著也導致你把金錢借貸看得很輕。會花錢旅遊或買書。

第二宮是
魔羯座

低風險、低報酬的類型

穩定的收入和金錢運用是你的鐵則。非常禁慾，會澈底監督浪費或奢侈的行為，盡量把錢都存起來。很愛操心，總是擔心償還貸款和老後生活的問題。會排除風險，與其投資不如保險。

第二宮是
水瓶座

財務也要重視新陳代謝

在金錢及物品方面會講究合理性並追求創新，是會搶先實施無現金交易的類型。對待金錢像是在打電動，像是寧可選擇用錢而非存錢，或是把用不到的東西拿去換錢等，藉此讓金錢保持流通。

第二宮是
雙魚座

花錢如流水

會把錢花在沒有實用性的非必需品或跟靈性有關的事物上。不善理財且健忘，不把金錢借償當一回事，還會因為同情心作祟就把錢捧在手裡獻給對方。要小心因為喝酒或賭博破財。

The real me

14 / 我人生中最重要的主題是什麼？

光芒萬丈的太陽是希望，代表人生目標以及想在此生當中實現的事。
從太陽座落的宮位可以看出你的「人生主題」。
請你試著以寬宏的視野了解自己的靈魂所嚮往的目標。

• • •

星盤怎麼看
請確認「行星位置」表的太陽在哪一宮！

本頁說明需參考出生時間。快去查一查自己的出生時間吧！

---

1 house

1 太陽在
第 一 宮

活出自己的人生

讓自己發光發熱——實現自我是你最重要的人生主題。建立鮮明的個人風格，把自己當成商品，對其他人造成影響。不是為了誰，而是靠自己的力量實現自己的夢想或心願。

---

2 house

2 太陽在
第 二 宮

提供豐富價值，靠自己賺錢

憑自己的力量工作賺錢，創造成果和資產是你最重要的人生主題。你不會對靠別人養的生活方式感到滿足。重點不單單只在「賺錢」這件事，而是透過創造豐富的價值來累積財富。

---

3 house

3 太陽在
第 三 宮

傳遞訊息

藉由寫字、說話等以語言為媒介的溝通方式傳遞某種訊息或有益的資訊是你最重要的人生主題。為了達成這個目標，你還會盡可能接觸大量的人或資訊，鍛鍊自己的知性及教養。

---

4 house

4 太陽在
第 四 宮

打造自己的根據地

打造自己的根據地或歸宿是你最重要的人生主題。這並不僅限於建立家庭，在自己的根據地上班的工作風格才是你的理想。例如自營業、住家改造的沙龍、當SOHO族或繼承家業。

5 太陽在
第 五 宮

5house

盡情享受人生

「好好享受人生才不虧」是你最重要的人生主題。不光只有自己享受而已，讓其他人樂在其中也是重要的主題之一。發揮玩心、創造力和娛樂精神，創造出愛與喜悅的價值吧！

6 太陽在
第 六 宮

6house

幫助他人

為他人貢獻是你最重要的人生主題，如何準確回應對方的期待是生命的價值所在。比起親自站上表演舞臺，擔任幕後工作人員更能大放異彩。讓自己和他人的身心狀態健康無虞也是主題之一。

7 太陽在
第 七 宮

7house

建立夥伴關係

認真面對對方是你最重要的人生主題，例如與結婚對象或工作對象建立一對一的信賴關係。如何尊重彼此也是其中一個重要的主題。你的人生會因為接觸到的對象變得截然不同。

8 太陽在
第 八 宮

8house

繼承前人並更上一層樓

把承自前人事物傳於後世是你最重要的人生主題。除了資產以及技術之外，還包含了遺傳基因和後代子嗣。以接觸生命為契機讓自己有更進一步的發展才是真正的人生主題。

9 太陽在
第 九 宮

9house

教導他人與求教於人

人生就是不斷地學習，教導他人與求教於人是你最重要的人生主題。精通哲學以及高等學問，真實的冒險體驗使你獲益良多。把自身所學歸還予他人也是人生的主題之一。

10 太陽在
第 十 宮

10house

在工作及社會上的自我實現

在現實社會發揮所長，擁有自己的角色並獲得評價。在社會上實現自我是你最大的人生主題。人生以工作為目標。渴望出人頭地且野心勃勃。如果是全職家庭主婦，則傾向致力於孩子的教育。

11 太陽在
第 十 一 宮

11house

以解決世界性的社會問題為目標

與志同道合的人一起全力投入造福世界與社會大眾的活動並帶來新的改變是你最重要的人生主題。會對階級社會的價值觀或老舊的體制採取非常手段。和NPO、NGO及志工團體緣分匪淺。

12 太陽在
第 十 二 宮

12house

表現自己的內心世界

把自己的內心世界表現出來是你最重要的人生主題。可以想成是不會站在最前面接受批評的電影導演、演出指導或電視導播。網路活動也藏著龐大的可能性。跟心理學或宗教也有很深的緣分。

Chapter 2 從星盤認識的「真正的自己」是什麼模樣？ 69

了解自己的本質

適合自己的服裝和顏色。在他人眼中的魅力之處。
發自本能的渴望及憂慮。情緒、憤怒與傾注熱情的傾向。
感到安心的事、最喜歡的事乃至人生主題──
你了解自己的本質了嗎？

請整理 P48 ～ P68 的分析結果。

· 適合我的顏色和穿衣風格

· 我的魅力

· 發自本能的渴望

· 發自本能的憂慮

· 情緒傾向

· 感到安心的事

· 最喜歡的事

· 投入熱情的事

· 生氣時的傾向

· 金錢觀

· 人生中最重要的主題

Q.2

我覺得自己的「光明面」是什麼？

Q.3

我覺得自己的「黑暗面」是什麼？

from miraimiku ～～～～～～～～～～～～～～～～～～～

不要否定、責備或勉強自己改變，
── 接納才會產生肯定自我感。

「不是要改變自己，而是要找回真正的自己」是本書的主題。我們有時候會說「那個人變得不一樣了」，但正確來說，他並沒有改變，而是「發揮出自己與生俱來的優點」。接納包含「黑暗面」在內的真實自我，才會使「光明面」也熠熠生輝。

～～～～～～～～～～～～～～～～～～～～～～～～～～～～

1 / 我的人際關係有什麼傾向？

你是外向型、內向型、主動型還是被動型？
比較容易建立什麼樣的人際關係？
從金星星座可以看出你的「人際關係傾向」。
與你氣味相投的人也會自然浮現。

● ● ●

星盤怎麼看
請確認「行星位置」表的金星星座！

 金星在
牡羊座

外向型／主動型／持續變動的

你是外向型的人，如果想和對方交朋友
就會自己積極靠近，要是覺得合不來則
會果斷離開。和誰當朋友或不當朋友通
常都是由你主動，友誼進展得很快，導
致人際關係不停變化。

 金星在
金牛座

內向型／被動型／長久穩定的

內向怕生導致你在人際關係上比較被
動。「生理上合不合」這種實際感受才
是最重要的。會花時間慢慢縮短距離，
讓穩定的關係能夠長長久久。傾向結交
許多有共同興趣的朋友。

 金星在
雙子座

外向型／開放型／淺而廣的

個性外向且心胸開放，能夠以友善的態
度和每個人開心聊天。不喜歡總是和某
個特定的人黏在一起，想要淺薄、廣泛
且隨心所欲的交流。會和談吐風趣、反
應靈敏或行動力高的人當朋友。

 金星在
巨蟹座

兩極的／主動型／內外有別

有很強烈的地盤意識，人際關係非常極
端。對「自己人」會主動積極靠近、干涉
對方並且殷勤地為之做牛做馬。是會想
和喜歡的人形影不離的類型。對「外
人」則興趣缺缺並封閉內心。

**金星在
獅子座**

被動型／主動型／掌握主導權

剛開始會表現得比較被動。雖然不會自己主動接近他人，卻會想要把主導權握在手中。非常愛護主動接近、支持或仰慕自己的人，會擺出「老大」的氣魄保護對方。

**金星在
處女座**

合理的／侷限的／視需要而定

交友屬少數菁英派。能夠容許的範圍很小，只要覺得邏輯不通，就很容易一言不發地把對方隔絕在外。不會自己主動積極拓展人際關係，但需要時也可以靈活地進行社交活動。

**金星在
天秤座**

社交型／被動型／因人而異

喜歡社交、善於交際還擁有多采多姿的人脈，但基本上屬於被動型。傾向根據對方表現出來的態度改變自己的應對方式。不擅長情緒交流和黏膩的關係，需要適度的距離感。

**金星在
天蠍座**

封閉的／被動型／窄而深的

戒心及防衛心極強，不太相信人。因而個性被動，傾向窄而深的交友，珍惜與少數人的信賴關係。只要相信一個人，就會給予對方半永久的忠誠與愛，並向對方索求一樣的東西。

**金星在
射手座**

外向型／開放型／喜歡各別行動

外向開放型。明明是孤獨一匹狼，卻又很喜歡與人交流。敞開雙手歡迎所有類型的人，但希望能按彼此喜歡的方式來做。理想是會自然分開行動，如當地集合、就地解散那種無拘無束的關係。

**金星在
魔羯座**

合理的／主動的／重視利益

在正式場合的交流表現活潑，但是在私底下的交流卻有怕麻煩、求精簡的傾向。想要避免浪費時間，對方是否會帶來回報或利益是重要的參考基準。不把錢當一回事的人不在你的討論範圍內。

**金星在
水瓶座**

中立的／個人的／對等的關係

明明奉行個人主義卻交友廣闊，喜歡接觸豐富多樣的價值觀。比起漫無目的、沒完沒了的對話，更想要與他人進行有主題的意見交換或知識交流。追求超越性別、國籍和年齡的對等關係。

**金星在
雙魚座**

被動型／對方主導／持續變動的

可以容許的範圍很大，和誰都能好好相處，可是人際上卻傾向被動，「來者不拒，去者不留」。不喜歡把事情界定得一清二楚，或許覺得若即若離的曖昧關係相處起來比較舒服。

人際關係 **# Human relations**

2 什麼樣的人 是我的反面教材?

一方面心想「我才不想變成那樣!」並感到厭惡、反感及難以相處,
但一方面卻又覺得有點羨慕──
導致你心情如此複雜的人,
是讓你察覺自己的個人特色及不足之處的反面教材。

• • •

星盤怎麼看
請確認「行星位置」表的太陽星座!

 太陽在
牡羊座

八面玲瓏、長袖善舞的人

只在乎周圍的反應或好感度的人;為了
不被任何人討厭,只會打安全牌回一些
無關緊要的話或漂亮的場面話的人。你
看不透對方的真實想法,還會暴躁地想
著:「你難道沒有自己的主張嗎?」

太陽在
金牛座

好像有不為人知的一面的人

莫名神祕,不會對人展露自己的內心,
卻又會拼命試探對方的態度或真心的
人。你覺得對方好像有不為人知的一面
令人難以信任,也可能單純覺得麻煩而
不想深交。疑心病很重的人也很難搞。

 太陽在
雙子座

對他人毫無興趣的人

只會高聲暢談夢想卻與現實脫節的人;
對他人毫無興趣,社交性差又反應遲鈍
的人。你會想著:「你就孤孤單單一輩
子吧!」並斷絕往來,但看到對方就算
一個人也樂此不疲又會很生氣。

太陽在
巨蟹座

野心勃勃、工作第一的人

為了在工作上出人頭地而不擇手段的類
型。只在乎社會上的立場或觀感,充滿
算計,完全符合階級社會的價值觀──
你認為人的心情沒有得失,會很受不了
地心想:「你就那麼想功成名就嗎?」

太陽在
獅子座

自以為是評論家又愛分析的人

在大家相談甚歡時冷眼旁觀的人;當別人正在熱血暢談浪漫理想時,冷冷地說些歪理的人。這種人不但非常掃興,還會讓人覺得被他當成白癡。性情冷漠又面無表情的地方也令人生厭。

 太陽在
處女座

依賴心重又老愛撒嬌的人

對錢和時間都很隨便,總是讓身邊的人幫忙擦屁股還恃寵而驕的人。這種人會讓你想大罵:「都是大人了,自己的事情自己做啦!」沒有半點愧疚的純真笑容也令你怒火中燒。

 太陽在
天秤座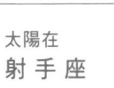

做事獨斷獨行的人

一味堅持自己的欲求或主張,不顧周遭或沒有協調性的人;神經大條、說話不留餘地的魯莽的人。對方毫無自覺卻自私到不行的舉動讓你超越憤怒,甚至到達輕蔑的境界。

太陽在
天蠍座

臉皮很厚又精於算計的人

不客氣、厚臉皮,會無意識地撒嬌,若無其事地把想要的東西弄到手的人;沒有事先計畫也不費任何功夫就把最好吃的部分整碗端走的人。你會氣得發抖,心想:「這是怎樣?也太奇怪了吧!」

 太陽在
射手座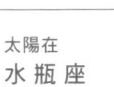

很會拍馬屁和耍手段的人

很會處理人際關係,無論對誰都會搖著尾巴和對方好好相處的人;喜歡跟風,愛說別人閒話的人,或是想要別人聽自己說話,愛求關注的人。你會很不耐煩,覺得「整天唉唉叫,吵死人了!」

太陽在
魔羯座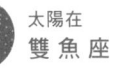

用團隊意識結群成黨的人

馬上成群結黨的人;一個人就不敢表達意見,把同伴當成靠山的人。以情緒勒索的方式向同儕施壓或偏袒自己人的行為會讓你不禁感嘆:「又不是小孩子了,來一場獨立大人之間的對話吧。」

太陽在
水瓶座

自我表現欲很強的人

喜歡強迫他人、過度熱情、讓人感到體育社團般壓力的人;自我表現慾很強,常常尋求關注的人,或是喜歡成為注目焦點,想要在周遭脫穎而出的人。對方自我陶醉的模樣也讓你覺得很無力。

太陽在
雙魚座

神經質又龜毛的人

像是在雞蛋裡挑骨頭一樣,每件小事都要拿來說嘴的人;神經質、有潔癖,現實又心胸狹小的人令你生厭。老是搬出常識或大道理,裝作一副好學生的樣子也讓你覺得沉重、很難相處。

3／什麼樣的人可以給我力量？

當你不安、煩悶的時候,當你失去自信的時候,
給予你滿滿力量,帶領你走向光明的人。
幫助你維持自我肯定感的是什麼樣的人呢?

◆ ◆ ◆

星盤怎麼看
請確認「行星位置」表的月亮星座!

 月亮在
牡羊座

縱使孤身一人也會貫徹自我的人

就算樹敵也不會迎合他人,而是堅定地
將自己的意志貫徹到底的人。無論情況
再嚴峻,都會「把危機當成轉機」,鍥
而不捨、勇往直前的人。

 月亮在
金牛座

會若無其事地帶領自己的人

總是保持穩重沉著,不拘小節、我行我
素的人。不會看你的臉色或做多餘的揣
測,行為舉止都表現得和平常一樣,
若無其事地為自己打氣,充滿包容力
的人。

 月亮在
雙子座

擅長傾聽和說話的人

會津津有味地聽自己說話的人,即使找
他商量很沉重的事情,對方也會幫忙轉
換想法,提出正面的見解,讓你拿出幹
勁。有時回過神來,還會發現你們已經
在聊完全不一樣的話題了。

 月亮在
巨蟹座

無論何時都把自己當家人看的人

會心思細膩地感受到自己難以用言語表
達的心情的人,把你的問題當成像自己
的問題一樣,感到生氣、高興或傷心。
有種不管什麼時候都會全盤接納自己的
安心感。

月亮在
獅子座

很會照顧人的大哥／大姊型的人

會在你情緒低落的時候拉你一把，對你說：「怎麼苦著一張臉呢！一起去吃點好吃的吧！」對方也在拼命努力，從不抱怨，也不會說喪氣話，而你則藉由他的這種生活方式得到力量。

 月亮在
處女座

能夠向自己提出精準建議的人

擁有出色的客觀分析能力，會在你需要的時候給予切中核心意見的人。不會強迫你接受他的想法，而是冷靜、清楚地把你正在尋找的答案直接說出來，讓人覺得很舒服。

 月亮在
天秤座

品味很好，很會誇獎人者

會在發現一些微不足道的小事之後，果斷給予幫助或誇獎自己的人。這種人會讓人想向他看齊，而且因為總是維持著美麗的外表，所以你也會很開心自己被品味好的人稱讚。

 月亮在
天蠍座

真誠相待的人

為人誠實，總是用真心認真對待自己的人；就算只是微不足道的小事也絕不撒謊，即使是難以啟齒的事情也直言不諱，因此值得信賴。擁有真正的強大及溫柔，而不是做表面功夫的人。

 月亮在
射手座

視野寬、度量大的人

表現出自己真實自然的樣貌，不成群結黨的人；不會在乎小地方，以寬宏的視角了解你的優點，使你能夠肯定自己，認同「做自己就好」，幫助你把繃緊的肩膀放鬆的人。

 月亮在
魔羯座

言出必行的人

責任感很強，而且言出必行，會把自己起頭的事情做到最後的人；樸實無華但誠實正直的人品不但值得信賴，還讓你深受感動，在你快要半途而廢的時候給你力量、讓你依靠的人。

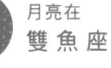 月亮在
水瓶座

尊重你的個性的人

非常清楚你的個性並給予尊重的人，不會只顧交情或情緒，總是能以公正的態度，和自己一對一交換彼此的意見；頭腦聰明、思想前衛，值得讓人尊敬的人。

月亮在
雙魚座

脫離世俗、不可思議的人

擁有不近世俗，彷彿從天上俯瞰眾生視角的人。他說出來的話好似嘗遍酸甜苦辣、頓悟所有道理，和這樣的人聊天可以讓每天的煩惱一掃而空，整個人煥然一新。

了解自己的人際關係

自己的人際關係傾向、反面教材與帶來力量的人。
請先比較自己在第 22 頁「你喜歡什麼樣的人？」、「你
不擅長跟什麼樣的人來往？」寫的內容之後再動筆吧！

Q.1

我的人際關係有什麼傾向？

（請參考並總結 P72 ～ P73 的結果，寫下你的感想）

Q.2

我不擅長跟什麼樣的人來往？（反面教材）

（請參考並總結 P74 ～ P75 的結果，寫下你的發現）

Q.3

我喜歡什麼樣的人？（帶給你力量的人）

（請參考並總結 P76 ～ P77 的結果，寫下你的發現）

from miraimiku ∿∿∿∿∿∿∿∿∿∿∿∿∿∿∿∿∿∿∿∿∿∿∿

「朋友就是要越多越好」是別人強迫灌輸的價值觀。
沒必要交朋友交到壓力山大。

　　曾經有人來找我諮詢自己朋友很少的問題，可是當我看了星盤以後，
卻發現對方是個會在自己獨自閱讀的時候感到幸福的人。有的人朋友多才
會成長進步，有的人覺得與朋友來往是壓力、是枷鎖。每個人的情況都不
一樣。請不要勉強，好好珍惜自己認為舒適的人際關係吧！

1 / 我想以什麼方式被愛？

金星代表「被動的愛」，也可以理解成對幸福的感受。
「我想用什麼方式被愛？」「想要被如何對待？」
從金星星座可以看出不分男女對於「被愛」的偏好。

星盤怎麼看
請確認「行星位置」表的金星星座！

♈ 金星在 牡羊座 *Aries*

直接而熱情的

你討厭拐彎抹角。希望對方簡單明瞭地丟出直球，熱情奔放地愛著自己，但因為沒辦法默默等待，會忍不住主動展開行動。墜入情網只需要一眨眼的工夫，是最容易一見鍾情的星座。

♉ 金星在 金牛座 *Taurus*

細心慎重且撩動情慾的

你希望對方動用所有感官，慢慢花時間帶給自己刺激情慾且糾纏不休的愛。重視身體的契合度，還傾向有肉體上或感覺上的癖好。因為希望對方能獨佔自己，所以也接受被對方束縛。

♊ 金星在 雙子座 *Gemini*

輕鬆愉快，重視新鮮感

你希望對方愛自己的方式是輕鬆愉快、爽快直接的，與其說是男女關係，更像是好朋友的感覺。覺得乾脆的關係好過濃烈的愛。無法忍受一成不變，追求具有新鮮感、愉快的交談與玩心的愛。

♋ 金星在 巨蟹座 *Cancer*

如家人般溫柔暖心

你所追求的不是男女關係，而是像家人般的溫暖的愛，比起緊張刺激更重視安心。想要普通的生活，共同累積一天天平凡無奇的時光。很重視回憶，會常常拍照或留下紀錄。

金星在
獅子座

盛大浮誇、充滿戲劇性的

你想要以盛大浮誇且充滿戲劇性的方式被愛。想成為故事裡的男／女主角，憧憬特別的戀情，而不是隨處可見的戀愛，也喜歡經歷各種曲折之後的大反轉或驚喜演出。討厭窮酸。

金星在
處女座

謹守分寸、正直廉潔的

你既純粹又高潔，是個徹底的浪漫主義者，對愛情有潔癖。對性的態度也比較淡泊，喜歡間接的愛更勝於直接示愛或肌膚接觸。你也不需要華麗的排場，最看重有誠意的話語和廉潔的態度。

金星在
天秤座

從容而優雅的

你追求宛如紳士及淑女那般從容而優雅的愛。最討厭神經大條、粗魯無禮的人，也不擅長應付赤裸裸的情感或黏答答的關係。比起愛人更想要被愛，因此在戀愛方面完全是被動的。

金星在
天蠍座

一往情深、全心全意的

你憧憬為彼此獻出所有，可以用粉身碎骨來形容的命運之愛。希望對方對自己的愛全心全意，抱有幾乎病態的執著。就連嫉妒或獨佔慾也讓你覺得幸福無比。心懷十二星座中最濃烈、沉重的愛。

金星在
射手座

讓彼此變得更好

尊重你的自由是絕對條件。不喜歡對方把所有注意力都放在你身上，希望對方也有一個屬於自己的世界。追求彼此都能夠有所成長的關係。比起被愛，更想愛人。

金星在
魔羯座

腳踏實地，把結婚也納入考慮

你追求腳踏實地的戀愛，希望對方對自己的愛是踏實、有責任感的。想按照告白等正式流程循序漸進，並將結婚也納入考慮。傾向用頭腦談戀愛，跟曖昧的關係或一時衝動的戀愛比較無緣。

金星在
水瓶座

作為立場對等的兩個人

你希望對方將你視為「人」而非男女朋友，用對等、公平的態度並帶著尊重愛你。追求彼此都是單一個體存在的獨立關係。與戀愛相比，感覺比較接近同志或夥伴。

金星在
雙魚座

芳醇甜美、令人心碎又羅曼蒂克

你想要芳醇甜美、令人心碎、羅曼蒂克且彷彿要融為一體的愛。你的戀愛充斥著性，喜歡甜蜜的耳語或嬉笑打鬧的肌膚之親。容易對對方產生依賴，是十二星座中排名第一的戀愛體質。

2／我會用什麼方式愛人?

金星是「被動的愛」,火星則是「由自己主動的愛」。
火星星座代表不分男女實際上的戀愛傾向或表現愛情的方式,
也有與太陽、月亮所代表的平時特質截然不同的例子!

• • •

星盤怎麼看
請確認「行星位置」表的火星星座!

 火星在
牡羊座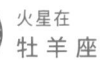

速戰速決、不帶試探的戀愛

容易一見鍾情,只要喜歡上一個人,就會不帶任何試探直線進攻,無論在感情發展或約會都想掌握主導權。愛情表現大膽直接,熱得快冷得也快。一旦談戀愛的時間拉長,很容易突然放棄。

火星在
金牛座

很花時間但不會冷卻的愛

你會一面小心翼翼地衡量時機,一面以緩慢的步調展開追求。只要覺得對方不太安全就會馬上離開,是表面上擺出撲克臉,內心卻拼命妄想的悶騷型。熱得慢冷得也慢。

 火星在
雙子座

LIKE比LOVE更多的戀愛!

喜歡所有風趣又聊得來的人。跟LOVE相比,你有很多的LIKE。多數情況是你把對方當朋友,用輕鬆的態度提出邀約,因為當下的氣氛就順勢交往了。不覺得和戀人以外的異性單獨出遊算是外遇。

 火星在
巨蟹座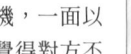

比起被寵,更想寵人

喜歡上一個人就會想照顧對方,像是買一堆對方喜歡的東西回來或親手下廚。是比起被寵,更想寵人的類型,容易無意識地多管閒事。要是覺得不安,情緒就會失控大爆發。

火星在 獅子座
Leo

主導權與決定權在我

你會愛上喜歡自己的人。開始交往之後會掌握主導權，約會和吃飯都去自己想去的地方，但因為很會取悅對方，所以對方也會覺得非常滿足。個性固執，吵架時絕不退讓。

火星在 處女座
Virgo

害羞笨拙，勤於聯絡

你是個既害羞又笨拙的人，會把工作之類的事情當作藉口來拉近距離，但經常聯絡是喜歡的證據。必須與戀人共享行事曆，就算見不到面也希望對方多聯絡自己。約會計畫由對方主導。

火星在 天秤座
Libra

讓男男女女為你哭泣

擅長社交，容易無意識擺出引人遐想的態度。對戀愛比較被動且因人而異。會扮演紳士、淑女投入充滿魅力的愛，可是不論交往或分手，都傾向把關鍵的那句話交給對方，這點真的很狡猾！

火星在 天蠍座
Scorpio

談戀愛是以年為單位的長期抗戰

明明早就出現了契機，卻一直維持著前進三步、退後兩步的狀態，在對方快要放棄時帶著誘惑靠近。會付出專一而濃烈的愛，但就算已經在交往了，還是很常使出用來考驗愛情的欲擒故縱。

火星在 射手座
Sagittarius

從愛情變成友情

你不擅長被人追求，最喜歡主動丟出各種變化球來追求對方的過程。愛情會在交往之後變成友情。支持讓彼此都保有自由空間，但覺得聯絡或配合彼此調整行程是很麻煩的事，所以傾向想要同居。

火星在 魔羯座
Capricorn

不想談沒有生產力的戀愛

你不喜歡戀愛的甜蜜氛圍。因為不想浪費時間，所以談戀愛也會像工作一樣擬定確實的策略計畫。誰先開口都可以，一定要有正式的告白。因為本身是工作狂，如果對方也是會發展得比較順利。

火星在 水瓶座
Aquarius

表現愛情的方式簡單平淡

戀愛的溫度偏低，是自己一個人也無所謂的類型。比較常發生從朋友變成情侶的情況。由於不喜歡跟性有關的交流，愛情的表現簡單平淡。而且還常常單獨行動，對方可能會覺得很寂寞。

火星在 雙魚座
Pisces

將共依存關係視為理想

你的理想是互相撒嬌、彼此依賴的共依存關係。因為優柔寡斷，所以希望由對方掌握主導權。你會奉獻捨身而純粹的愛，但假如對方忙到冷落了你，你的心會很容易跑到其他認真的追求者身上。

3 / 我喜歡什麼樣的男性？

火星在女性的星盤上代表「對男性的偏好」。
我真正喜歡的男性是哪一種類型？
除此之外，如果你想知道自己心儀的女生喜歡什麼樣的男生，
也可以把她的星盤做出來確認看看。

• • •

星盤怎麼看
請確認「行星位置」表的火星星座！

火星在
牡羊座

像個大男人拉著自己前進的人

你喜歡粗魯又充滿男子氣概的人，對曬黑的肌膚、骨節分明的手等等感到心動不已，或是既勇敢又熱情，會強勢地把自己擄走的男性。優柔寡斷且膽小懦弱的人會讓你覺得很煩躁。

火星在
金牛座

溫文儒雅、精神穩重的人

你喜歡氣質優雅又成熟穩重的人、在一起會覺得很安心的人還有娃娃臉很可愛的人。比較容易被聲音或氣味吸引。希望成為對方的所有物，追求在現實中具備經濟能力的男性。

火星在
雙子座

搞笑風趣、經常帶來刺激的人

你重視知性大於外表，例如頭腦靈活、說話妙語如珠以及配合度和執行力很高的人。不擅長應付惜字如金的人。難以忍受一成不變的情況，所以最喜歡不會讓自己感到無聊的人。

火星在
巨蟹座

會激發母性本能的人

不是粗獷又大男人主義的霸道父親型，就是靠不住的可愛型兩種極端。不論是哪一種，總之就是無法抗拒會激發母性本能的人。「我必須支持他」的這種想法很容易發展成戀愛情感。

火星在
獅子座

懷抱雄心壯志並努力不懈的人

你喜歡不喊苦不抱怨，嚴格鞭策自己努力的人。堅定不移的男子氣概吸引著你，這種人偶爾露出的青澀模樣以及毫無防備的純真笑容都讓你難以招架。不會將寬以待己、志向很低的人當成對象。

火星在
處女座

充滿知性、舉止優雅的人

喜歡草食系勝過肉食系，例如具備知性、教養且整潔乾淨的人。比起體格強健，身材纖細、舉止優雅的男性才是你的菜，也有容易受到禁慾氣質吸引的傾向。對手指很美或戴眼鏡的男性沒有抵抗力。

火星在
天秤座

時髦又紳士的人

知性、俐落、工作能力強、打扮時髦、擅長當護花使者——也就是那種所謂「受歡迎的男性」。從服裝或身上配戴的東西就能馬上看出對方的水準。邋遢粗俗的人在第一印象就不行了。

火星在
天蠍座

存在反差或意外性的人

擁有神祕魅力的人。覺得外表和內在反差很大的男性有種令人無法抵擋的魅力，想要解開謎題的欲望很容易發展成戀愛情感；也喜歡經常與自己四目相接或獨佔慾很強的人。

火星在
射手座

格局很大且值得尊敬的人

熱愛閱讀又博學多聞，但同時也在運動或賭博中盡情享樂的那種文武雙全的男性；感覺會讓自己的世界變得更寬廣的人，或格局很大、享受人生且值得尊敬的人。

火星在
魔羯座

懷抱著野心工作的人

沒什麼比工作能力強的人更吸引你，例如在生意場的最前線執掌重要工作的人。跟和平主義的人相比，你覺得充滿野心的男性更有吸引力，也很容易被年長很多、有如父親般的男性吸引。

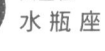

火星在
水瓶座

難以捉摸的人

頭腦很好，擁有近未來的思維以及不被常識侷限、個性獨特的價值觀的人，也喜歡對每個人的態度都一模一樣的那種令人難以捉摸的言行舉止。另外，你也很容易喜歡上具備中性魅力的人。

火星在
雙魚座

戀愛敏感度高又有情調的人

溫柔、深情、甜蜜且信奉浪漫主義的人。因為想要盡情談戀愛，最好是同樣具備高戀愛敏感度的男性。難以招架會利用情感誘惑自己的男性，也很喜歡似乎與世界脫節、氣質獨特的人。

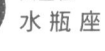

4 / 我喜歡什麼樣的女性？

金星在男性的星盤上代表「對女性的偏好」。
我真正喜歡的女性是哪一種類型？
除此之外，如果你想知道自己心儀的男生喜歡什麼樣的女生，
也可以把他的星盤做出來確認看看。

• • •

星盤怎麼看
請確認「行星位置」表的金星星座！

金星在
牡羊座

開朗、坦率、直爽的人

樂觀開朗，對任何事情都表現得很積極
的女性。覺得欲擒故縱或觀望是很麻煩
的事，希望對方明確表達自己的意思。
偏好個性好勝、自由奔放、出乎意料，
會讓自己在後面追著跑的女性。

金星在
金牛座

娃娃臉、惹人憐愛的內斂型

一言以蔽之就是外貿協會，最喜歡惹人
憐愛的娃娃臉型和內斂又輕盈可人的空
氣感。你的佔有慾和獨佔慾很強，所以
最好是願意只屬於自己的女性。如果在
音樂或食物方面氣味相投就太完美了。

金星在
雙子座

爽朗又善於傾聽的人

頭腦靈活、很會聊天的女性。容易喜歡
上會開心地聽自己說話，善於傾聽的
人。比起女人味或女性魅力，更看重乾
脆俐落的爽朗性格。不擅長應付話少的
人或嚴肅的氣氛。

 金星在
巨蟹座

充滿溫度、有家的感覺的人

簡單來說，你喜歡有家庭味的女性，最
無法抗拒母性或親手做的料理；在一起
覺得很安心的人，或是會珍惜家人的
人。你想共享彼此的心情和回憶，因此
彼此的共通點越多，越容易受到吸引。

金星在
獅子座

釋放華麗氣場的人

具備華麗、格調與存在感,能夠向身邊的人炫耀的女性。開朗和強大使你傾心,因此無法接受缺乏自信或平淡無奇、氣氛陰沉的人。喜歡熱情洋溢、表情豐富、喜怒哀樂分明的人。

 金星在
處女座

乾淨整潔、有透明感的人

富有知性、氣質清純的女性。跟華麗搶眼的人相比,你比較喜歡內斂、脆弱又纖細優雅的人;能夠自然照顧到每個細節,委婉表達情緒或欲望的人。沒辦法接受粗枝大葉又不愛乾淨的人。

金星在
天秤座

充滿都會感的漂亮大姊姊型

漂亮的大姊姊型是你的菜,對氣質系美女也缺乏抵抗力。喜歡充滿都會感的氛圍勝過自然清新的類型,例如可以帶著大方走在街上的人,包含對常識的認知和品行在內,在整體取得平衡的女性。

金星在
天蠍座

魅力藏不住的人

充滿神祕感又端莊典雅的女性,怎麼藏都藏不住的魅力令你深深著迷。比起善於社交且坦蕩無私,你更喜歡比較封閉、笨拙的人。你會從對方只在自己面前展露的表情感受到特殊的羈絆與愛。

 金星在
射手座

獨樹一格,擁有自己世界的人

品味獨到的女性。你喜歡有奇特的興趣或特技,開心活在自己的世界裡的人,以及自由樂天、心胸開闊的人。喜歡束縛你或是會因為一些雞毛蒜皮的小事就喋喋不休這類神經質的人就算了吧!

 金星在
魔羯座

文靜、踏實的人

適合穿和服、古典風雅的成熟女性不擅長應付聒噪吵鬧的女生。喜歡既文靜又穩重的人,也很重視對貞操和金錢的觀念。努力工作的模樣以及珍惜物品的舉動也深深吸引著你。

 金星在
水瓶座

有個性又獨立的人

活出自己的人生,在精神方面非常獨立的女性,而對戀愛或結婚有依賴心的人則被你排除在對象之外。偏好能夠以對等的立場討論事情的聰明人,不落俗套的想法與突破框架的個性也令你著迷。

 金星在
雙魚座

有點神祕,讓人想保護她的人

有點神祕,看起來呆呆的,令人擔心且無法置之不理的女性。天然呆又有妹妹氣質的類型會讓你覺得很療癒,想要保護她。跟獨立的人相比,你比較容易喜歡上會撒嬌又有女人味的人。

5 我適合哪一種戀愛風格？

「戀愛傾向」和「真正適合自己的戀愛風格」是兩件事情。
比較至今為止自己實際談過的戀愛，兩者之間是否有很大的落差呢？
透過比較應該可以看出擔心、不滿的原因，
以及需要妥協或改善的地方。

• • •

星盤怎麼看
請確認「宮頭」表的第五宮是什麼星座！

本頁說明需參考出生時間。快去查一查自己的出生時間吧！

 第五宮是
牡羊座

憑直覺做決定，充滿刺激的戀愛

你最重視第一印象和最初的直覺，如閃電般展開並迅速發展的戀愛最適合你。不適合要動腦思考的戀愛，要是拖了很久才下定決心便會失去熱情。受不了千篇一律，需要帶有刺激性的要素。

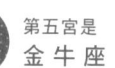 第五宮是
金牛座

花時間慢慢培養感情的戀愛

首先看重生理上的感覺：長相是你的菜嗎？有共通興趣嗎？對吃的喜好一樣嗎？身體的契合度高嗎？也都很重要。適合花時間慢慢了解彼此，長久而穩定的交往模式。

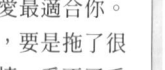

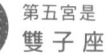 第五宮是
雙子座

關鍵在於對話多寡的友情式戀愛

最關鍵的地方在於聊不聊得來以及對話的多寡，還有就是會頻繁聯絡的人。比起男女之間的感情，從友情延伸出去的關係會更好，像是可以一起到處遊山玩水的人。沒有對話＝戀情的終點。

 第五宮是
巨蟹座

像家人一樣令人安心的戀愛

安心感和親近感是決定性的關鍵。具備關於地方的共通點或是辦公室鄰坐會比較容易有所進展。理想是像家人般的關係而非男女情愛，比起特別的時光，你更想共度平凡無奇的日常生活。

第五宮是 獅子座

充滿戲劇性又璀璨繽紛的戀愛

你的理想是被對方追求、熱愛，讓你成為故事裡男／女主角的戀愛。對戀愛的期待度很高，也需要妥協，不過最好是開心愉快的。不適合無法搬到檯面上或廉價窮酸的戀愛。

第五宮是 處女座

以知性為先決條件的真摯戀愛

潔白無瑕的純愛，建立在信任與信任之上的真摯戀情。在性方面也比較平淡，外遇或劈腿則最不合你的性子。知性是決定性的關鍵，最好是上司、老師這種可以正確帶領自己的對象。

第五宮是 天秤座

讓自己變漂亮的戀愛

談戀愛時會變漂亮，亦會要求對方保持美麗外表。由於你很在意周遭的評價，對方是不是被家人、朋友認可的對象也是要點之一。總是形影不離的關係使人疲憊，因此適當的距離感也很重要。

第五宮是 天蠍座

與值得信任之人的真誠愛戀

關鍵在動物般的嗅覺而非道理。只要感覺有一點不對的人就不行。重要的是否「話無虛言、值得信任」、「不管什麼問題都會如實回答」以及「能夠坦承以對」。花時間建立信賴關係的戀愛。

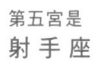

第五宮是 射手座

能互相切磋琢磨的夥伴之愛

被追求時容易敷衍對方，自己展開追求的戀愛更適合你。決定性的關鍵在於對方是不是一個值得尊敬的人。與其說是男女之間的戀愛，倒不如說是能夠聲援彼此夢想的夥伴關係。

第五宮是 魔羯座

按部就班來的正規戀愛

對戀愛很謹慎，所以最好是可以看到平常的樣子或真實性格的職場戀。經過正式告白才開始交往，「以結婚為前提」是理想，而不知道究竟有沒有在交往的曖昧關係或外遇會造成精神上的傷害。

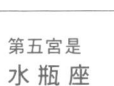

第五宮是 水瓶座

不被「普通」侷限的自由戀愛

不拘泥於年齡、性別或國籍，容易喜歡上奇怪的人。即使談的是遠距離戀愛，遇到像是半年只能見一次面的情況也能泰然處之。不在乎「普通」的感覺或戀愛論，大談打破常理的自由戀愛！

第五宮是 雙魚座

「純正戀愛」，男女之間的甜蜜愛戀

一男一女互相吸引，甜蜜地融為一體的正統戀愛。你需要喜歡傾訴愛語或肢體接觸，有戀愛體質的對象。談戀愛時會全心投入，但沒辦法只有肉體上的關係，所以要談就要認真談！

Love life

6 / 如果結婚的話， 我是自立型還是依存型？

月亮星座對男性和女性來說都代表私底下的人格。
在這裡，我們要試著以「婚後的情況」為切入點，
來看看你是過度依賴對方的類型，還是獨立自主的類型。

◆ ◆ ◆

星盤怎麼看
請確認「行星位置」表的月亮星座！

 月亮在
牡羊座

「以自己為優先」的自立型

你是把自己的意思和情緒擺第一的自立型。做事的時間軸短，會因為突然閃過一個念頭就衝動行事，所以無法配合對方的步調。基本上喜歡單獨行動，是另一半不理自己也無所謂的類型。

月亮在
金牛座

「具備生活能力」的自立型

你是既現實又踏實的自立型，另一半是為了讓生活更富裕、更穩定的合作搭檔。你是會為了讓自己即使某天突然變成一人也能活下去，確實保留自己那份財產的那種人。我的錢就是我的。

 月亮在
雙子座

「希望對方聽自己說」的依存型

聊天是最好的紓壓方式，因此沒有交談的婚後生活根本是不可能的。你需要能傾訴日常大小事的對象，就這個意義上來說是依存型。事後才報告也會讓你鬧彆扭，希望對方做決定前先跟你商量。

 月亮在
巨蟹座

「想要付出所有」的依存型

你是要有人讓自己付出所有才能找到自己存在意義的依存型。因為會從不能沒有自己的狀態中得到滿足感，所以希望對方依賴自己。別說是生活方面，就連情緒也想跟對方分享。

月亮在
獅子座

「希望自己閃閃發光」的自立型

你是希望自己在婚後也繼續綻放光芒的自立型。會為了自己的夢想、目標投注時間和精力，所以很容易放著對方不管，但並沒有惡意。然而卻又希望對方以你為優先，是個任性又害怕寂寞的人。

 月亮在
處女座

「想要管理一切」的自立型

你是想執掌家中事務的自立型，決定家裡的規矩，像工作一樣對每個人發號施令，也很重視「報告、聯絡、商量」。比起獻出一切為家人付出，更傾向嚴格管教，管理他們的生活。

 月亮在
天秤座

「配合對方」的依存型

你是會把最終決定權交給對方的依存型。所有問題都是夫妻兩人的問題，無法自己作主。有從生活風格到食衣住通通迎合對方喜好的傾向，還可能會在婚後開始培養跟對方一樣的興趣。

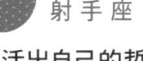 月亮在
天蠍座

「命運共同體」的依存型

你認為結婚對象是「兩個人一條心」的命運共同體，是會將對方的優缺點全數接納，試圖讓彼此身心都化為一體的依存型。容易因為太擔心對方說謊或外遇而變成控制狂束縛或監視對方。

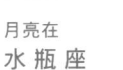 月亮在
射手座

「活出自己的哲學」的自立型

你是和單身時期一樣追求著自我哲學的自立型。沒有要依賴他人的感覺，甚至可能覺得結婚這件事與自己無關。夫妻分居或遠距離夫妻也完全能接受。理想是夫妻彼此都自由自在地生活。

 月亮在
魔羯座

「責任感很強」的自立型

你是想在社會上和經濟上都達成獨立的自立型。雖然一個人也過得去，但認為結婚是一個社會人應該做的事。責任感很強，與其說是會對結婚對象付出愛情，倒不如說是會「克盡義務」的類型。

 月亮在
水瓶座

「Only One」的自立型

你是認為「自己的事自己做」的自立型。對結婚制度本身抱持疑問，認為兩個人是人與人對等而立的夥伴，而非男人與女人、丈夫與妻子。追求對等性，因此不可能發生依存的情況。

月亮在
雙魚座

「想要你保護人家」的依存型

你是一個人會活不下去的依存型。雖然有藝術方面的才能，但內心纖細，現實生活能力很低，因此需要一個保護自己的人。另一半就像是守護自己不受外界傷害的避風港。

Love life

7／我適合哪一種婚姻風格？

第七宮代表婚姻或另一半。
從第七宮的星座可以看出
「適合自己的婚姻風格或理想中的另一半」。
也許可以拿來當成一種參考指標。

・・・

星盤怎麼看
請確認「宮頭」表的第七宮是什麼星座！

本頁說明需參考出生時間。快去查一查自己的出生時間吧！

 第七宮是
牡羊座

驚險刺激的婚姻

結婚的時間和地點全都憑直覺決定，用頭腦思考會很容易錯失良機。穩定的婚姻生活不符合你的個性，比較適合即使遭遇風波也能享受其中的風格。你的另一半是會積極用力拉著你前進的人。

第七宮是
金牛座

食衣住得到滿足的婚姻

你的婚姻觀很現實。認為婚姻＝生活，經濟穩定是幸福婚姻的最重要條件，要避免工作或收入不穩定的對象。另一半是穩重又有包容力的人，對吃的偏好或興趣是否相投也很重要。

 第七宮是
雙子座
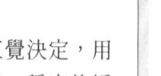

對話永不中斷的婚姻

結婚對象＝聊天對象。向彼此報告每天平凡無奇的日常瑣事就是幸福的婚姻。適合經常出現搬家、移動地點這類變化的生活。另一半最好是頭腦靈活、充滿知性且行動力高的人。

第七宮是
巨蟹座
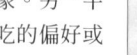

婚姻才是人生的精髓

即使說人生的幸福度是由婚姻和小孩的存在決定的也不為過。沒有什麼比和在一起會感到安心的人共結連理還要幸福，與雙方家人的關係也很緊密。另一半要選感受性豐沛、有家的味道的人。

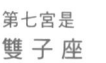

第七宮是
獅子座

被眾人所祝福的風光婚姻

結婚比起低調更喜歡大肆宣揚,會舉辦盛大的婚禮或結婚派對,來自周遭的祝福使你的心情無比舒暢。擁有自己的房子會提升對人生的積極度。另一半是性格開朗、鼓舞人心又可靠的人。

 第七宮是
處女座

由自己主導的婚姻

符合自己身分的婚姻。不會一時衝動而是有計畫地結婚,最好由自己主導。就算只登記也一定要有戒指,更不能疏於告訴身邊的人。重視新居的格局和環境。另一半是認真、誠實、有學問的人。

第七宮是
天秤座

男女相敬如賓的婚姻

婚姻必須得到親朋好友的認可。婚後不會很有家庭包袱,男女相敬如賓的關係是你的理想。適當的距離感也很重要,譬如約好每週的星期幾可以各自安排。另一半是富有美感、社交性高的人。

 第七宮是
天蠍座

婚姻是只屬於兩人的世界

「結婚是兩個人的事,與旁人無關」的風格,也可能發生事實上婚姻或私奔的情況。與親戚少有來往是你的理想。需要性方面的交流作為愛情的證明。若另一半是獨佔慾很強的人會比較幸福。

第七宮是
射手座

宛如同居生活的婚姻

未經深思熟慮就衝動結婚,結果卻意外令人滿意。理想是像各過各的同居人般的自由關係,或是能產生腦力激盪的同志情誼。另一半是接受夫妻分居或只有週末見面,自由自在、不拘小節的人。

第七宮是
魔羯座

重視覺悟的踏實婚姻

不適合閃電結婚,而要階段性地按照步驟來,例如從訂婚、登記到結婚的婚姻才是理想。這也是在讓自己做好覺悟。金錢觀念合不合是必要條件。另一半是責任感強、腳步踏實的人。

第七宮是
水瓶座

充滿個人風格的婚姻

不受限於一般婚姻型態的風格,例如夫妻別姓、夫妻分居、老少婚、跨國婚或同性婚等等。與另一半並不是面對著彼此,而是雙雙面向前方的獨立關係,也可以是類似於指導者的角色。

第七宮是
雙魚座

互相依存的婚姻

對婚姻容易猶豫不決,但還是登記結婚會比較好。容易和結婚對象形成共依存關係,而這也使你備感幸福,並視結婚為心靈寄託。另一半是溫柔體貼、內心細膩、有藝術家氣質的人。

了解自己的戀愛·結婚

「想用什麼方式被愛」和「會用什麼方式愛人」是兩件事情,「戀愛傾向」跟「真正適合自己的戀愛風格」也不盡相同。請在這個前提之下,參考分析結果,在這一頁整理一下吧!

我的戀愛傾向或喜歡的異性類型是?

(請參考並總結 P80 ～ P87 的結果,寫下你的發現)

· 我想用什麼方式被愛?

· 我會用什麼方式愛人?

· 我喜歡什麼樣的男性／女性?

Q.2

我適合哪一種戀愛風格?

(請參考並總結 P88 ～ P89 的結果,寫下你的發現)

Q.3

我適合哪一種結婚風格?

(請參考並總結 P90 ～ P93 的結果,寫下你的發現)

from miraimiku

戀愛和結婚都是要有對象才能成立的。
請謹記,從對方身上追求他所沒有的只會讓自己很累而已。

　　人們常說「戀愛和結婚是兩回事」,而星盤對戀愛和結婚的觀點也截然不同。舉例來說,有的人談戀愛時個性陰沉,結婚之後卻變得活潑開朗;有的人明明談戀愛時喜歡個別行動,卻在結婚之後變得很依賴對方。無論如何,重要的是了解自己和對方的特質、傾向並互相讓步。

1 我傾向用什麼方式溝通？

水星是掌管思考和言語的行星。你會如何傳達自己的想法呢？
從水星星座可以看出你的溝通方式屬於哪一種類型。
「我不擅長在工作上的溝通協調」有這種想法的讀者一定要看。

• • •

星盤怎麼看
請確認「行星位置」表的水星星座！

 水星在
牡羊座

毫不隱諱地表達意見

你會明確表達己見，毫不隱諱地把想到的事情說出來。直覺、直接的表現方式卻不會給人不好的印象，因為你誠實且毫無虛言。即使第一次見面也能侃侃而談，很擅長展現自我。

水星在
金牛座

在沉著的表現中藏著強烈的主張

言行舉止穩重大方，但也會在關鍵時刻堅持個人主張，具備頑固的強韌意志。氣質沉穩，因此個人主張比較容易被他人接受。傾向直接把感官感受化成言語，像「真好吃」、「肚子好餓」等等。

 水星在
雙子座

以節奏過於輕快的談吐駁倒對方

一旦開口就停不下來，腦中的點子和資訊傾洩而出，話題跳個不停。內容的數量和速度感會搶先質量及深度。如果論銷售話術的話你獨占鰲頭，但也可能出現「不小心說溜嘴」的失敗場面。

 水星在
巨蟹座

用情緒豐沛的表現將人們捲入其中

表現力具有溫度且豐富多元。善於用親切友善、平易近人的說話方式將人們捲入其中。容易直接把「高興」、「寂寞」之類的情感化為言語，會因為他人的無心之言而受到傷害。

 水星在
獅子座

訴求力超群絕倫

獅子座是十二星座中最有訴求力的。雖然是說得肯定又單方面的溝通，但話語的力道很強，在推廣或宣傳上相當有利。適合當政治家或演說家，不擅長對話的你丟我接。

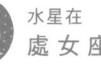

水星在
處女座

總是想按照時間順序來說

思緒清晰的分析者。在人前比較收斂，可是一談到擅長領域的話題或是在自己人面前就會打開開關，滔滔不絕說著專業、狂熱的內容。總是想按時間先後來說。常說「你應該～」，個性愛吐槽。

水星在
天秤座

溝通的最佳示範

不論對方是誰都能配合他的視角，採取安穩妥當的溝通方式。擁有公平傾聽並接納周遭其他不同意見的傾聽力。口頭禪是「原來如此」，但有沒有和對方產生共鳴則另當別論。

水星在
天蠍座

用最後一句話刺中核心

口風很緊，為人可靠，因此很容易有人來找你商量私密話題。基本上會當個聽眾，但會用最後一句話刺中問題的核心。有很好的洞察力、專注力和記憶力，包括當時的情感推移都會被你記下來。

 水星在
射手座

出人意表的發言才是個性

會憑著一股氣勢或看心情說話，不擅長按照時間順序和邏輯來說。口無遮攔，還經常有不合時宜的發言。澈底的右腦型，所以最好不受言語或講求道理的世界束縛。以靈光乍現為最優先。

水星在
魔羯座

百密而無一疏的思考及話語

你想有條理地依序說明所有事情，因此說話和寫作都有拖得很長的傾向。討厭疏漏缺失或多費一次工，講求確實性。口頭禪是「保險起見」，縝密周詳的思考及話語造就了你優秀的工作表現。

水星在
水瓶座

天才型的頭腦和邏輯

著眼點、想法、發言、邏輯，所有的一切都非常獨特。你並非只是一個單純的怪人，而是超級合理、優秀出眾的天才型，也可能發生想法太前衛，周遭跟不上的情況。請訓練自己降低程度。

 水星在
雙魚座

表現無法化為言語的事物

你說的話既柔和又順耳，彷彿能瞬間流到每個人的心裡。思考偏右腦，用印象來把握事情。不太會用言語歸納出邏輯理論，比較擅長以文藝、繪畫、照片或音樂等方式表現。

Career
工作 · 職涯

2 / 我的能力和長處是什麼？

水星是掌管思考及言語的行星，也暗示在工作上的做事方法和習慣。
從水星星座可以看出你的「能力和擅長的事」。
對了解適合自己的工作或工作方法來說是一大的線索。

• • •

星盤怎麼看
請確認「行星位置」表的水星星座！

 水星在
牡羊座

瞬間爆發力是壓倒性的第一

你的長處是直覺、瞬間爆發力，即使與
人初次見面也不會怯場的應對能力。計
算也很快。會在變化多、需要當機立斷
的工作或開發業務上表現活躍。擅長想
出新東西，因此也適合當企畫或創業。

水星在
金牛座

大器晚成的技術職人

具備職人性格，屬於專業技術型。做任
何事情都很花時間，但成果有很高的精
度與很好的品味。能夠一直做同樣的事
情也是一種能力。是縱使沒有亮眼的表
現也會確實累積實力的大器晚成型。

 水星在
雙子座

做事靈巧的全方位球員

你的溝通能力是最優秀的，長處是語言
能力、會話力和交涉力，能夠同時進行
好幾件事情的能力也可以善加利用。是
吸收得快、不管做什麼都能靈巧上手的
全方位型。

 水星在
巨蟹座

體諒他人心情的能力

你的長處是協調性、共鳴力、傾聽力與
推敲他人心情的能力。能夠不問年齡、
性別地配合所有人的視線給予關懷；善
用雖然不符合邏輯，但充滿詩意又平易
近人的言語表達能力。

水星在
獅子座

使眾人為之傾倒的表演

你的長處是使人變得積極正向的能力、表現力、創造力以及自我行銷力。會用充滿說服力的話語、豐富多樣的手勢與華麗的演出牢牢抓住人們的心;在立於人前或表演舞臺的工作上能發揮本領。

 水星在
處女座

不管什麼工作都能完美駕馭

你擁有作傑出的工作能力。聰明絕頂,可以聞一知十。擁有高效率的事務處理能力、確實掌握對方的意圖或需求並以最完善的形式完成的技巧,以及將其他人的才能激發出來的能力。

水星在
天秤座

傑出的平衡調整能力

不會使人不快的社交技巧是你最厲害的長處;另外還有保持平衡的思考、觀察力與情況判斷力;以中立的視角整合周遭意見的能力。會在負責居中協調、交涉、協商或統整的工作發揮才華。

水星在
天蠍座

超群出眾的專注力和洞察力

壓倒性的專注力是你最強大的長處,正因為將一件事情做到極致才能發揮才能;也有優異的洞察力、推理力及交涉力,在策略戰或心理戰所向披靡。還很擅長檯面下的事前部署或人事操作。

水星在
射手座

偏向右腦的靈光乍現和預見力

擁有偏向右腦的靈光乍現和靈感、創新的發想力以及令人豁然開朗的突破手段。要小心如果用邏輯來思考就會搞錯方向。純粹的求知慾也是長處之一,會在伴隨知識增長或學習的工作發揮能力。

水星在
魔羯座

靠策略和計畫確實取得成果

具備認清整體目的或基本目標後,在這個基礎上的策略性、計畫性與執行力;將不清不楚的資訊按照邏輯具體彙整疏理的能力,精準把握目前的問題或課題,排除徒勞無益的部分,提高生產力。

水星在
水瓶座

純粹且合理的社會貢獻慾

你的長處是全球化的視角與邏輯性的思維。對出人頭地毫無興趣,單純為貢獻社會而追求最佳解決方案的能力,也會在利用最新科技的工作或IT相關的技術工作發揮所長。

水星在
雙魚座

卓越超群的想像力

豐富的想像力是你最大的長處,不但會用想像來理解所有事情,還有出眾的想像表達能力。比較容易在藝術或文學的世界大放異彩;還具備讓緊張的氣氛緩和下來,類似氣氛營造者的能力。

3 / 我被社會賦予期待的能力是什麼?

中天(MC)是星盤的天頂。這個點代表自己在社會上實現自我的方式。
不是自己想做的事情,而是容易獲得評價的能力及社會使命,
了解這些是為了讓自己在社會上綻放耀眼光芒的一大線索。

• • •

星盤怎麼看
請確認「行星位置」表的中天星座!

本頁說明需參考出生時間。快去查一查自己的出生時間吧!

 中天在
牡羊座

Aries

締造新價值的使命

扮演先驅的角色。用創造挑戰意願及全新價值的力量貢獻社會。倘若是需要競爭的工作,你會更能夠發揮本領。開發業務、企畫、發明、技術、理科或運動相關的工作是天職,也很適合創業。

 中天在
金牛座

Taurus

創造物質性價值的使命

扮演創造者的角色,在發揮美感的創作領域為社會做出貢獻,最好是可以花時間慢慢研究到自己滿意為止的環境。美容、服飾雜貨、設計類或食品相關的工作是你的天職。

 中天在
雙子座

Gemini

傳遞知識和資訊的使命

扮演傳信者的角色,用情報蒐集能力、溝通能力、會話能力與寫作能力貢獻社會。跟知識或資訊有關的工作、宣傳、業務、口譯、大眾媒體、教育相關或作家等職業是你的天職。

 中天在
巨蟹座

Cancer

帶來溫柔與安心感的使命

扮演散發母性光輝的角色,用服務精神與愛情貢獻社會,站在培育者的立場尤其能一展長才。跟日常生活息息相關的工作、照護、保育、人才培育或住宅相關的工作是天職,主婦亦可。

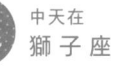 中天在
獅子座

帶領他人邁向希望或光明的使命

扮演表演者的角色，用領袖般的凝聚力、自我行銷力、表現力以及玩心貢獻社會，會在憑實力定勝負的花花世界發揮本領。娛樂、休閒或服務業是你的天職，也可以是演藝相關的工作。

 中天在
處女座

整理雜亂無章的使命

擔任整理、分類的職責，透過需要精確的分析力、管理能力、實務方面的天分、細膩度及正確性的工作貢獻社會。專業工作、經理事務、調查分析、秘書、醫療或教育等是你的天職，無所不能。

  中天在
天秤座

使人與人美麗相繫的使命

扮演製作人的角色，用平衡感、從對方的角度出發的美感及社交手腕貢獻社會，尤其會在為人與人牽線的領域中發揮所長。美容、服飾、直接接觸顧客的工作、仲介或顧問業等等是你的天職。

 中天在
天蠍座

追根究柢的使命

扮演專業技術者的角色，以敏銳的洞察力、看透本質的能力以及壓倒性的專注力貢獻社會。研究或技術人員這種在單一主題上登峰造極或面對人類深層心理的工作是你的天職。

  中天在
射手座

引導人們通曉普遍真理的使命

扮演指導者的角色，會善用預見力、關於哲學或真理的文化教養及專業知識貢獻社會。教育或內含培養、指導要素的工作既是天職，也比較容易發揮才能；跟宗教、國外或旅行有關的工作亦可。

 中天在
魔羯座

撼動社會根本的使命

擔任整體的監督、執行與推進的職責。以責任感、整體視角、統率力、執行力為工作，有效利用人力、物料和資金來貢獻社會，是組織裡備受需要的幹部人才。經營、管理或經理的工作是天職。

 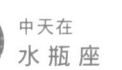 中天在
水瓶座

掀起改革的使命

扮演革命家的角色，進行人道的而非金錢上的社會貢獻。利用新技術強化舊體制的工作是你的天職，也有在IT相關的工作、技術人員、NPO、NGO等領域或成為創作者的才華。

 中天在
雙魚座

療癒人心的使命

擔任淨化、療癒的職責，用豐富的想像力、表現力以及慈悲心貢獻社會。會在心理治療師、療癒師、諮商師等跟精神、靈性有關的領域一展長才，藝術家也是你的天職。

4 我在工作上是哪一種人？

你是球員型還是經理型？是領導型還是輔助型？
適合隸屬組織、獨立創業還是自由接案？
了解適合自己的位置或工作方式，在實際的工作上加以利用吧！

◆ ◆ ◆

星盤怎麼看
請確認「行星位置」表的太陽星座！

 太陽在
牡羊座

球員型／亦可獨立創業

當機立斷、單獨行動較能發揮所長，澈底的球員型。雖然也很適合站在率領眾人的領導者位置或成為獨立創業的老闆，卻沒辦法從旁協助身邊的人。用背影說話的熱血型。

 太陽在
金牛座

經理型／適合隸屬組織

你追求穩定性，因此相較於收入不穩定的自行創業或自由接案，比較適合待在組織裡面。然而你個性頑固又我行我素，與其被別人管，不如成為管理他人的一方。職人氣質的經理型。

 太陽在
雙子座

球員型／也可以當斜槓族

你追求變化和多面性，故擔任內勤或被綁在一件工作上會抹煞你的優點。最理想的是自由接案，但倘若屬於組織，則希望有個自由放任的環境。你很聰明，也適合兼任其他職務或當斜槓族。

69 太陽在
巨蟹座

經理型或輔助型

你有很強的同伴意識和互助精神，可以無微不至地給予他人關心、協助，是團隊合作不可或缺的珍貴存在。你也最適合培養新人或是部下。比起單打獨鬥，隸屬組織或共同經營會比較好。

太陽在
獅子座

球員型／象徵性的存在

雖然也可以獨立創業，但因為追求大格局、影響力以及在內部的個人評價，故奉行實力主義的大企業會比較理想。不是那種不為人知的工作，而是受萬人矚目的職種或位置，你才能夠發光發熱。

太陽在
處女座

專業輔助員／必殺工作狂

你有極為出色的實務能力與管理調節能力。儘管也能做好複數的管理、輔助和營運，但專心協助某個特定的人會使長處有更多的發揮。擔任社長的秘書或左右手是天下一品級。

太陽在
天秤座

全能的協調者

不管是什麼樣的職種、位置或工作方式，你都可以適應地宛如模範，不過與其被綁在一件工作上，不如同時擁有好幾個軸心，要是有類似諮詢師或顧問的要素會更好。

太陽在
天蠍座

組織的中樞／專家

多半對經營或人事很感興趣，會在參與組織中樞的位置一展長才，也可能是技術或研究人員這種專業領域的專家。無論是哪一種，最好都要加入組織，就算只是掛名登記也沒關係。

太陽在
射手座

自由的球員兼教練

自由的組織是你的理想。雖然是孤獨一匹狼的球員型，卻也具備擔任指揮官的才華。你沒辦法做實務方面的管理工作，但能像足球的司令塔一樣掌握整體，對每個球員下達完美的指令。

太陽在
魔羯座

經理型／總負責人

雖然也很適合獨立創業，但也是更大型的組織所需的儲備幹部人才。你會把焦點放在整體的目標或成果，還有很強的責任感，最適合待在管理階級，類似「整體總負責人」的立場。

太陽在
水瓶座

球員型／新創企業

你是會接連提出新點子或改善方案的球員型。相較於限制多多的大企業，會在每個人的意見都能受到尊重的新創企業或外資企業嶄露頭角。從事高專業性的技術工作也會比較容易有活躍的表現。

太陽在
雙魚座

輔助型／氣氛營造者

大家待在被組織保護的環境裡面一起工作的風格會讓你覺得比較放心。被當成緩和團隊氣氛或連結人與人的潤滑油受到重用，比較容易成為在精神方面的支持者。

5 / 我在換工作或選工作時，最好重視哪些地方？

找工作時，我最好把哪一種條件或重點擺在第一優先？
請以重視成就感、金錢、自由度及人際關係的這四大前提為基礎，
試著注意它們的優先順序吧！

• • •

星盤怎麼看
請確認「行星位置」表的月亮星座！

月亮在
牡羊座

成就感／想自己主導

成就感＞自由度＞金錢＞人際關係。
不是由上而下發號施令的工作，而是自己有沒有主導自己想做的事。不擅長配合周遭其他人的步伐，所以自由度也很重要。

月亮在
金牛座

金錢／健康福利也很重要

金錢＞自由度＞成就感＞人際關係。
與工作內容以及包含休息在內的工時相符的代價有沒有受到保障？就算是會帶來成就感的工作，假如沒有在金錢上得到滿足，不滿總有一天一定會大爆發。

月亮在
雙子座

自由度／工作夥伴也很重要

自由度＞人際關係＞金錢＞成就感。
像是可以自由排班或接受副業這種彈性較大的職場或工作。有沒有感覺很合得來的同事或同業夥伴也會大大影響你的動力。

月亮在
巨蟹座

人際關係／人才是一切

人際關係＞成就感＞自由度＞金錢。
比起工作內容或薪資方面，會接觸到什麼樣的人才是一切。不論是獨立工作、就職轉職或共同經營都是從人來選。會在見面談過之後再做決定。

月亮在
獅子座

成就感／評價標準也很重要

成就感＞自由度＞人際關係＞金錢。
自己有沒有發揮所長？是不是會讓你帶
著熱情或使命感投入其中的工作？個人
實力獲得評價與否會嚴重影響你的幹
勁，因此評價標準也很重要。

月亮在
處女座

金錢／和下指示的人合不合也很重要

金錢＞人際關係＞成就感＞自由度。
工作是為了生活，目的非常明確。和下
達指示的上司或委託人之間合不合得來
也很重要。系統化、章程化的方式會比
自由放任更好。

月亮在
天秤座

自由度／職涯的寬度比較重要

自由度＞金錢＞成就感＞人際關係。
能夠選擇工作型態，或是透過內部的徵
人或檢定制度等等自由規劃職涯。人際
關係是你的專長，所以重要度被排在比
較後面。

月亮在
天蠍座

人際關係／相信人也相信錢

人際關係＞金錢＞成就感＞自由度。
在工作上，身邊有沒有值得信賴的人？
覺得自營業、家族經營或隸屬於小規模
的組織比較安心。其次則是收入方面，
薪資條等是否誠實無欺也是關鍵。

月亮在
射手座

自由度／知識面的成長也很重要

自由度＞成就感＞人際關係＞金錢。
能夠給你多少自由是最重要的。理想是
不論哪一種雇用型態，只要能遠距離上
班就好。假如從事這份工作還會伴隨知
識面的成長，你就會一直做下去。

月亮在
魔羯座

金錢／社會認知度也很重要

金錢＞成就感＞人際關係＞自由度。
你會從工作這個行為本身找到自己的存
在意義，但由於你也強烈渴望經濟獨
立，所以錢比較重要。理想是在社會上
有很高的評價及認知度的公司。

月亮在
水瓶座

自由度／社會貢獻度也很重要

自由度＞成就感＞人際關係＞金錢。
沒有不講理的制約或強制性，每個人的自
由意志和權利有沒有受到尊重？企業貢
獻度也很重要，假如要就職或轉職的話，
會先看過企業的理念或社會責任。

月亮在
雙魚座

人際關係／職場的舒適度比較重要

人際關係＞自由度＞成就感＞舒適度。
團隊成員的人品或職場氣氛與生理感受
合不合最重要，其次是自由度。對出缺
勤管理或銷售目標很嚴格的業務工作，
對你造成的精神打擊會比別人多一倍。

了解自己的工作傾向

從客觀角度了解自己的溝通模式、能力、長處及工作上的位置,應該可以讓你發揮所長,帶著自信工作。與此同時,也整理一下挑選工作時的重要條件吧!

Q.1

我的能力是什麼?社會從我身上尋求什麼?

(請參考並總結 P96 ～ P101 的結果,寫下你的發現)

· 溝通傾向

· 能力、長處

· 被社會賦予期待的能力

Q.2

我在工作上是哪一種人？

（請參考並總結 P102 ~ P103 的結果，寫下你的發現）

Q.3

在換工作或選工作時，應該要注重哪些地方？

（請參考並總結 P104 ~ P105 的結果，寫下你的發現）

from miraimiku ~~~~~~~~~~~~~~~~~~~~~~~~~~~~~~

自己本身的能力和適性，當事人自己尤其難以察覺。
絕大多數的案例都是身邊的人比自己還清楚。

我在接案時深刻感受到的一件事情，有非常多案例都對自己的能力沒有自覺。比方說，有一個很會聊天，看起來很適合接待客人的諮詢者，唉聲嘆氣地說自己不會聊天。當我告訴他分析結果之後，他卻說：「這麼說起來，有人說過我很擅長講話。」不是自己怎麼想，而是透過客觀了解變得「自信」。

Chapter 3

從星盤了解
生命中那些重要的人

就像我們很難了解自己一樣，
了解對方同樣也是一件困難的事。
同伴和朋友自然不用說，
即使是小孩、丈夫、妻子或父親、母親，
大概也很少會在你面前露出真實的一面。

因為不懂，所以才會處不來。
因為處不來，所以才會煩惱、才會逃避。
明明是自己很珍惜的人，卻沒辦法坦承相待……
萬一遇到這種情況，
請你試著利用星盤。
透過星盤了解對方的人格特質或真正的想法，
你會找到改善彼此關係的重要契機；
要是你們的關係本來就已經很好的話，
則一定會找到一直好好相處的訣竅！

分析方法

① 參考第34頁製作欲分析對象的星盤。

② 從各說明頁的「星盤怎麼看」確認對方星盤上的對應部分。

③ 閱讀對應項目的內容。

Loved one
重要的人

1 / 了解工作對象，建立良好關係

與工作對象之間的關係屬於正式場合，因此要注意對方的太陽星座。
請以重視熱情、實際利益、邏輯和心情這四大前提為基礎，
深入了解與在職場上遇到的人或工作對象建立良好關係的要訣。

• • •

星盤怎麼看
請為想分析的工作對象製作星盤，
確認「行星位置」表的太陽星座！

 工作對象的太陽在
牡羊座

重視熱情／即時應對是鐵則

打招呼或回話要大聲俐落。對方個性急躁，因此立刻反應、即時應對是鐵則。他很擔心事情有沒有在繼續進行，所以就算不完美也要頻繁告訴他目前的進度。說話時的重點或結論要簡潔明瞭！

 工作對象的太陽在
金牛座

重視實際利益／安全性及確實性

他是寧可維持現狀也不要開拓新路的類型。比起背負風險放手一搏，他會以安全性或確實性為第一優先。個性超級頑固又我行我素，因此新提案需要有多提幾次的毅力和耐心。請具體提出根據。

 工作對象的太陽在
雙子座

重視邏輯／靈活變通

邊做邊改善以及在對話過程中偶然出現的靈感都是對方比較重視的地方。重點在於交談要多、步伐要輕快、要能靈機應變並具備靈活性，而且還一定要準備好幾個選項讓他挑選。

 工作對象的太陽在
巨蟹座

重視心情／人品才是全部

對方重視人品勝過數字，相較於改善方案或解決辦法，傾聽和共鳴才是最重要的。請用一句「我懂」來接納對方的心情。他有很強的同伴意識，因此強調團隊合作也會使好感度大幅提升。

工作對象的太陽在
獅子座

重視熱情／認同強大的熱忱

請你尊敬並仰賴對方。「不愧是你!」是必備臺詞,接著再強調自己的幹勁或熱忱。只要擺出強勢到近乎無禮的態度,提出充滿挑戰性的目標或方案,對方應該就會對你另眼相看、照顧有加。

Leo

工作對象的太陽在
處女座

重視實際利益／搞清楚5W1H

「何時」、「何地」、「誰」、「什麼」、「為何」及「如何」至關重要。請具體提出預算、交期、工作分配、目標與代辦事項清單。就連完成後的結果報告、成效分析和改善方案也不可馬虎!

Virgo

工作對象的太陽在
天秤座

重視邏輯／公私分明

請記得他會用「衣衫不整即心思不正」的觀念來審視你。把私人情緒帶進工作也違反了規定,請確實將公私劃清界線。要用什麼方法處理工作由你決定,但是別疏忽了報告、聯絡與商量。

Libra

工作對象的太陽在
天蠍座

重視心情／坦承相待

耍小聰明的招數或說謊、蒙混會被他看穿,請用真心誠意及肺腑之言來面對彼此,做不到的時候也要如實告知。因為他沉默寡言、不善言語,所以揣測他的心情也很重要。

Scorpio

工作對象的太陽在
射手座

重視熱情／追求可能性

他會一臉認真地談論理想,因此擺出支持鼓勵的態度非常重要。與其列出做不到的理由,不如思考做得到的方法。對方不擅長細緻的工作,所以在實務面提供協助,應該會讓他很看重你。

Sagittarius

工作對象的太陽在
魔羯座

重視實際利益／準備和確認最重要

請在具體提出優、缺點之後,再請對方做出裁示或下達指令,不要獨斷專行。他最討厭白費功夫,因此一次就能做好的事卻費了兩次工夫簡直豈有此理!請用心準備、再三確認。

Capricorn

工作對象的太陽在
水瓶座

重視邏輯／符合邏輯,追求創新

即使對他動之以情,只要邏輯不通,就會遭到駁回。請事先整理好內容的順序和要點再告訴他,不會考慮等人指示的態度或打安全牌的提案。出人意表的切入點或創新的想法會讓他很開心。

Aquarius

工作對象的太陽在
雙魚座

重視心情／溫柔帶領對方

他實在太過溫柔,就取得工作成果這點來說並不可靠。因為他很容易被自己或他人的情緒影響而迷失目標,所以如果可以由你主導大局,積極引導,同時安撫他纖細脆弱的情緒就太完美了。

Pisces

Loved one

重要的人

2 記住朋友在意的點，建立友好關係

金星是了解對方的興趣嗜好與交友關係的鑰匙。
只要知道朋友的喜好或在交友雷點，應該就能建立更良好的關係。
請從重要朋友的金星星座來抓住線索吧！

◆ ◆ ◆

星盤怎麼看
請為想分析的朋友製作星盤，
確認「行星位置」表的金星星座！

 朋友的金星在
牡羊座 *Aries*

積極開朗，求簡求快！

他重視新奇、速度和簡單易懂。首先，請銘記他做事情的時間軸其短無比。如果讓他等的話會很不耐煩，因此回覆要快！重點和結論也要簡潔直接。他非常歡迎其他人提出新的提案。

朋友的金星在
金牛座 *Taurus*

秉持耐心等待的態度

他做事總是慢吞吞又我行我素，請記得他最不喜歡被人催促。對音樂或食物的口味合不合也是重點。因為有使他瘋狂著迷的興趣或收藏癖，所以如果刺激他的「宅魂」會讓他很開心。

 朋友的金星在
雙子座 *Gemini*

用一敲就響的反應擔任聽眾

他重視迅速的反應、良好的配合度及強大的行動力。要是反應不佳，他會立刻跑去找其他的人。他很愛說話，所以用輕快地附和澈底扮演聽眾的角色會使他龍心大悅。

朋友的金星在
巨蟹座 *Cancer*

成為分享心情的「心靈摯友」

他重視心與心的交流，找他商量私事或說說心裡話會拉近心的距離。當他來找你商量或報告時，所有解決辦法或建議都沒有用，只要理解他的心情，做到「傾聽和共鳴」即可。

朋友的金星在
獅子座

依賴＋稱讚＋欣喜若狂！

他的氣質像是一個傲嬌的老大。只要主動撲到他的懷裡，凡事樣樣都仰賴他，對方應該就會拿出幹勁傾力相助。而稱讚他為自己的付出或表現出開心的樣子也是讓感情變好的秘訣。

朋友的金星在
處女座

對親密好友也要講究禮貌

即使是朋友也不要隨便侵犯對方的私人領域，少刨根問底地探人隱私。更改行程也會造成他的壓力，所以嚴禁遲到或臨時爽約。由於他是細心顧及周遭的人，因此也別少了感謝的話。

朋友的金星在
天秤座

重視成熟大人的距離感

他最害怕步步逼近的那種強硬、執拗的態度，請保持成熟大人的適當距離感。他也不擅長就感情論事或沉重的話題。他喜歡美容和時尚，誇獎他的衣服或隨身物品會讓他很開心。

朋友的金星在
天蠍座

成為最理解他的人

他的戒心和不信任感極強，鮮少對他人打開心房，所以朋友就只有那麼幾個。正因如此，信任比什麼都重要！務必遵守約定，不要有所隱瞞，頻繁地報告、聯絡、商量會讓他比較安心。

朋友的金星在
射手座

把視野放寬，一起期待吧！

他重視格局的大小，厭惡別人的閒話或工作上的牢騷這種小家子氣的話題。別抱怨枝微末節的小事，談談自己的夢想或未來。他是無拘無束的孤獨一匹狼，所以喜歡當地集合、就地解散。

朋友的金星在
魔羯座

重視誠意大過樂趣或配合度

他重視常識及誠意。因為討厭輕佻的態度，所以不擅長應付粗心的人或光說不練的牆頭草。最好少和他發生金錢上的往來；有利可圖的優惠訊息或半價折扣等等是他的最愛。

朋友的金星在
水瓶座

不同個性產生「化學反應」

比起共鳴，他更重視理解和尊重。因為想當有個性的人，所以他對驚訝的反應或一句「你變了耶！」心生喜悅。討厭感情論事或被迫接受他人的情緒，喜歡跟自己一樣個性十足又與眾不同的人。

朋友的金星在
雙魚座

浪漫比現實更重要

他不喜歡現實社會，因此更不會想和朋友討論有關現實的話題，比較想用電影、音樂、文學等等會刺激感性的藝術話題或是彼此的戀愛故事讓雙方互相產生共鳴。

3 / 了解孩子的人格特質

小孩子直到大約七歲以前，都是在月亮星座的性質完全開啟的狀態下生活。
月亮代表我們「源於本能的特質」，這些特質會直接顯現。
不要與其他孩子比較，透過了解他的個性，
你會找到如何與他相處的線索。

◆ ◆ ◆

星盤怎麼看
請為孩子製作星盤，
確認「行星位置」表的月亮星座！

 孩子的月亮在
牡羊座

獨立心強、全力衝撞的類型

他的獨立心很強，不管做什麼都想自己來。個性急躁、性情粗暴，一旦要他等一下或禁止他做某件事情就會大發脾氣，最好讓他想做什麼就做什麼；讓他運動也是個好方法。

孩子的月亮在
金牛座

感性豐富、有所堅持的類型

他緩慢、穩重又我行我素，有種莫名的威嚴。儘管性格沉穩，但只要受到催促，或是自己喜歡的東西被人搶走就會暴怒。請讓他接觸高品質的音樂或藝術，打造磨練感官的環境。

 孩子的月亮在
雙子座

反應靈敏的秀才型

他的頭腦靈活，學得很快。話多、喜歡書和遊戲。感興趣的東西一個換過一個，沒辦法靜靜待在一個地方，可是抑制他的行動會造成反效果。只要不理他，他就會自己靠過來。

孩子的月亮在
巨蟹座

感受性強，充滿溫柔

他是個溫柔體貼的孩子，對身邊的人，特別是母親的情緒非常敏感。會突然大哭或生氣是因為感到不安，安穩、讓他能放心的環境是最重要的。請多和他擁抱等等的肢體接觸。

孩子的月亮在
獅子座

被人誇獎就會進步的類型

以自己的情感為優先，對周遭的情緒很遲鈍。他會唱歌、跳舞，自我表現豐富多樣。只要用「好厲害喔！你好棒喔！」來誇獎他，他就會拼命努力。請你有技巧地哄他，也可以讓他幫忙。

 孩子的月亮在
處女座

觀察周圍，抓住訣竅

他有很好的觀察力，清楚知道周圍的事，就算不教，他也能夠自己換衣服或收東西。他會把精神用在肉眼看不到的地方，所以很容易生病。請花一點工夫讓他知道可以向你撒嬌。

 孩子的月亮在
天秤座

擅長讓別人喜歡自己的小大人

他憑本能知道什麼樣的行為舉止會招人喜歡，因此不管到哪裡都備受疼愛。因為會無意識地想當乖小孩，希望你引導他表現出自己的意志。不和其他孩子比較也很重要。

 孩子的月亮在
天蠍座

只專注在喜歡事物的專一型

他的興趣範圍很小，眼中只看得到自己喜歡的人、事、物。勉強他增加其他興趣或拓展社交性會造成壓力，請在旁邊靜靜觀望就好。他有壓抑、隱藏情緒的習慣，需要有人來引導他。

 孩子的月亮在
射手座

這個世界處處是謎團！

他的好奇心有無限大，看事情的角度很獨特，總是有問不完的問題。不要用「不知道」來帶過大人無法輕鬆解答的哲學性提問，保持一起思考、共同成長的態度是最好的。

孩子的月亮在
魔羯座

乖巧懂事的模範生

他不擅長表達情緒，很少撒嬌也很少哭，氣質好似會無意識忍耐的長子。請記得要多跟他聊天、搭話，稱讚他及讓他放鬆心情，也可以讓他去上培養感受性的才藝班。

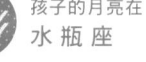 孩子的月亮在
水瓶座

古怪的小孩

他會說些掃興的話、莫名露出反抗的態度，情緒和言語的表現相當獨特。個性乖僻但沒有惡意，所以請不要逼他當個「普通」的人，而是尊重他的個性。和親子相比，類似朋友的關係比較理想。

 孩子的月亮在
雙魚座

惹人憐愛的撒嬌鬼

他既天真又可愛，表情和舉止會為大人帶來療癒。想像力豐富，充滿創造力。可能會飼養動物、栽培植物或熱衷於畫畫、唱歌或看動畫。他是個撒嬌鬼，希望母親一直陪在身邊。

Loved one
重要的人

4 / 了解他是什麼樣的丈夫，使夫妻關係圓滿融洽

太陽也代表為人丈夫時的模樣。
從太陽星座可以看出他是個「什麼樣的丈夫」或「可能成為什麼樣的丈夫」。
配偶自不用提，也要確認現任男友或心儀的男性有哪些特質！

◆ ◆ ◆

星盤怎麼看
請為丈夫／男友製作星盤，
確認「行星位置」表的太陽星座！

 丈夫的太陽在
牡羊座 *Aries*

閉嘴跟我走就對了

他會心無旁騖地在自己的路上全力衝刺。沒有複雜的心思，個性單純直爽，雖然神經很粗，不過男子氣概是No.1。性子急又愛生氣，但一下子就氣消了，所以應付他就好。翻舊帳會暴怒。

丈夫的太陽在
金牛座 *Taurus*

想要慢慢培養感情

他基本上是個步調緩慢的人，不想要被別人催促。儘管不會出口干涉太太的工作，但是心裡其實希望她以家庭為優先。想要有很多能和太太一起同樂的興趣，譬如欣賞電影、品嘗美食等等。

 丈夫的太陽在
雙子座 *Gemini*

總之希望你聽他說話

他會在生活中追求變化，但不擅長整理，東西散落各地。興趣多元，經常外出。熱愛閱讀，學識豐富。希望你聽他說話。要是指出他嘴上說的和實際做的互相矛盾，他就會非常激動。

丈夫的太陽在
巨蟹座 *Cancer*

家庭意識No.1

他是第一名的居家型丈夫，也很重視與自己老家的關係。喜歡博取關注，希望你懂得他的喜怒哀樂。想要跟太太和小孩分享一切，若你自己做決定或事後才告訴他會讓他覺得很寂寞。

丈夫的太陽在
獅子座

「照顧面子和稱讚」使夫妻關係圓滿

家裡的山大王。只要澈底做到依賴＋稱讚＋感謝，他就會用全力來保護你。只要覺得這樣的丈夫很可愛，家裡便會和平安泰。無視或忽略會讓他鬧彆扭並關上心房，請用平靜的態度主動靠近他。

 丈夫的太陽在
處女座

跟手續有關的事情包在他身上

他神經質又愛囉唆，但個性認真並遵守規矩，強詞奪理時請用「又在說些有的沒的」這種寬大心胸應付就好。把實務面的手續或跟錢有關的事情交給他會很放心，是生活上靠得住的丈夫第一名。

 丈夫的太陽在
天秤座

Libra

重視夫妻間的角色分配

他很清楚夫妻圓滿的可貴與作派。雖然有很多話聽起來像在敷衍了事，但請你把這些話當成丈夫的體貼。討厭糾纏不休，一樣的話講好幾次就會暴怒，某種程度上的放棄也很重要。

 丈夫的太陽在
天蠍座

做好奉獻所有的心理準備

他的話很少，但是對你一往情深。明明對自己的事情保密到家，卻想把太太的事情掌握得一清二楚。就算覺得他控制慾很強，也要想成「是因為他深愛著你」。謊言和欺瞞是致命傷。

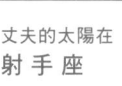 丈夫的太陽在
射手座

用彼此喜歡的方式來做！

他和單身時代一模一樣。知道自己是「不適合結婚的丈夫No.1」。假如你想跳脫一般的婚姻型態，度過自由自在的夫妻生活的話，他會是最好的對象。對太太的自由也會給予尊重。

 丈夫的太陽在
魔羯座

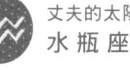

從現實的角度掌管家務

儘管不太懂女人微妙的心，但總是想著包含生活與經濟方面的「家庭經營」。放眼將來的穩定用錢是最重要的，非常歡迎太太幫忙增加收入。請多和他進行夫妻之間的談話。

丈夫的太陽在
水瓶座

Aquarius

就算是夫妻也是兩個個體

他對「因為是丈夫、因為是妻子」的這種想法抱持否定態度。我們是我們，別人是別人。切記重要的是我們自己要怎麼做，與旁人比較毫無意義。請和他說些公平、合理的話而非感情論事。

 丈夫的太陽在
雙魚座

Pisces

心思細膩又愛老婆的人

他無論在精神面或現實面都需要太太的幫助。即使作為丈夫也許不太可靠，但他誠實、順從又溫柔，比誰都更能體諒你的心情，是個疼愛妻子的人。請不要罵他，而是有技巧地循循善誘。

5 了解她是什麼樣的妻子，
使夫妻關係圓滿融洽

月亮也代表為人妻子時的模樣。
從月亮星座可以看出她是個「什麼樣的妻子」或「可能成為什麼樣的妻子」。
配偶自不用提，也要確認現任女友或心儀的女性有哪些特質！

◆ ◆ ◆

星盤怎麼看
請為妻子／女友製作星盤，
確認「行星位置」表的月亮星座！

 妻子的月亮在
牡羊座

對自己很誠實，充滿男子氣概

她比男人還強悍又死心眼兒，說話直截了當、不留餘地但誠實不欺。個性開朗，就算生氣也不會持續太久。不會配合先生的步伐，而是自己拉著對方前進。性急、冒失和健忘是她可愛的地方。

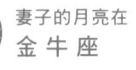 妻子的月亮在
金牛座

讓人討厭不起來的心機鬼

她在先生身上追求的是穩定的經濟能力。只要保障食衣住在一定的水準以上，基本上就會感到滿足。很會撒嬌，熱愛購物。沉穩、文靜、我行我素，是創造時間讓自己能喘口氣休息一下的高手。

 妻子的月亮在
雙子座

手腳俐落又多話的妻子

她頭腦靈活，反應靈敏，同時做好幾件事情對她易如反掌。不管做什麼都手腳俐落，只要三兩下就可以完成，很會籌備活動也很會玩。因為說話會釋放壓力，總之她說就對了！

 妻子的月亮在
巨蟹座

來自家人的感謝是她的生命價值

家人比什麼都重要，她有很強的母性光輝，重視家人並具備奉獻精神，是妻子和母親的理想形象。只是，如果你沒有付出同等的愛情就會遭到拋棄。經常表達感謝的心情是夫妻和樂的祕訣。

妻子的月亮在
獅 子 座

豪爽奔放，愛調皮搗蛋

家事做得很隨便。雖然沒有為先生樹立尊嚴的順從與矜持，但是個開朗、強大又寬容的妻子。幽默風趣，做什麼都很會找樂子。不喜歡家庭包袱，所以厭惡小氣計較的丈夫。紀念日要盛大地過。

妻子的月亮在
處 女 座

日常生活也需要規則

家務和養育小孩都是完美主義，做什麼都有「自己的規則」，隨便幫忙反而會增加她的負擔，所以頻繁請教太太的指示最重要！特別是只要有把整理房間或倒垃圾澈底做好，家裡就會很和平。

妻子的月亮在
天 秤 座

婚後依然要女士優先

美感出眾，對家具和餐具都很有品味。對美容保養也從不馬虎，隨時都保持年輕的外表。就算是夫妻也想被當成女性慎重對待，被當成「老婆」簡直豈有此理！也要留意她的髮型或指甲的變化。

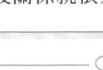

妻子的月亮在
天 蠍 座

「兩個人一條心」的夫妻才是理想

她不善與人交流且個性內向，堅持和不堅持的地方非常極端。一心一意，用情至深，與先生兩人共度的時光是最好的定心丸。就算只有一個晚上，一旦發現外遇，要修復關係就很難了。

妻子的月亮在
射 手 座

想隨心所欲自由去做

家事只快速解決最低需求，看心情做事還我行我素。有時想待在一起，有時出門一整天都不回家，兩者之間的落差很大。不要每件事都拿出來罵，用寬大的心胸讓她自由去做才是最重要的。

妻子的月亮在
魔 羯 座

又是上班又是做家事的勞碌命

總之是個勤奮的人，既有才華又很努力，如果有需要，甚至就連協助先生的工作也難不倒她。在「管理及指揮先生和小孩」這點上比較容易過度干涉，但不擅長體諒情緒的部分。

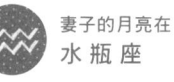

妻子的月亮在
水 瓶 座

比起當妻子，更想「當個人」

家事什麼都會，但就優先順序來說被排在後面。她不會安於家庭，而是以工作為目標，總是不斷在思考有沒有自己能為社會或世界貢獻的事；也想和先生進行有意義的討論。

妻子的月亮在
雙 魚 座

因為有先生才得以自由

她是個不食人間煙火又愛撒嬌的可愛妻子，存在本身應該就讓你覺得非常療癒。個性自由、難以捉摸，但這份自由是因為丈夫在身邊才擁有的。一個強大又會保護自己的存在對她來說不可或缺。

Loved one

重要的人

6/ 了解父親的人格特質

太陽也代表父性或為人父親時的模樣。
以強大的光芒持續照亮家人的父親其實是一個什麼樣的人？
自己遺傳到他的哪些地方？知道答案後，你可能會不由得認同這個結果。
父親也是人。不要反抗，坦率地走近他吧！

◆ ◆ ◆

星盤怎麼看
請為父親製作星盤，
確認「行星位置」表的太陽星座！

 父親的太陽在
牡羊座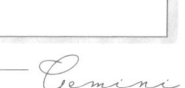

直截了當，沒有隱瞞

他黑白分明，直截了當，不太會隱瞞或說謊，性格單純。容易害羞，無法招架小孩子的戀愛故事。可以接受在家人面前放屁。要小心他生氣時很容易手動得比嘴巴還快。

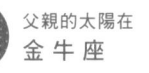 父親的太陽在
金牛座

頑固但誠實

氣質沉穩。跟體型無關，有一種厚實穩重、堅若磐石的安定感。非常愛吃，還有讓他為之瘋狂的興趣。為人誠實以至於頑固保守又不知變通。請採取由你主動親近他的態度。

 父親的太陽在
雙子座

其實很想聊天

好奇心旺盛，是個愛看書的雜學王。經常自己一個人隨意外出。即使他表現得沉默寡言，實際上卻最愛聊天。像朋友一樣無話不談會讓他開心，還會為彼此帶來刺激，形成的良好關係！

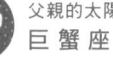 父親的太陽在
巨蟹座

充滿驕傲的我家老爸

他以自己的家人為榮，發自內心愛著大家。因為想和家人分享一切，所以也有過度保護、離不開孩子的傾向。如果你是個愛家的人，也許是遺傳自你的父親。請經常向他表達愛與感謝。

父親的太陽在
獅 子 座

不管長到幾歲都是孩子王

膽識過人，相當可靠。雖然也有固執又強硬的地方，但基本上是個心胸寬大、幽默風趣的人。你越依賴他，他越疼愛你。最喜歡開心的事，搞不好會玩得比小孩子還瘋。

父親的太陽在
處 女 座

在嚴厲背後的愛情

話裡行間總是冷淡、神經質又充滿潔癖，但本質卻是纖細而溫柔的。嚴以律己，所以對孩子的管教也很嚴格。要是他用正當的道理說你這不行、那不對也別氣餒，請把這些當成父親的愛。

 父親的太陽在
天 秤 座

高雅、知性，令你引以為傲的父親

時髦、優雅還有年輕的外表，是那種令你引以為傲的父親。對任何事情都講究平衡，兼顧工作與家庭。熟知妥協、相讓等經營人際關係的秘訣，作為商量事情的對象應該也很值得信賴。

父親的太陽在
天 蠍 座

做什麼都是「全力爸爸」

他無論做什麼都會全力以赴，也全心全意深愛著家人；心胸寬大，總是會體諒並尊重孩子的心情，但不會原諒既輕浮又半吊子的行為。即便是親子也要以信任為第一。他是屹立不搖的父親。

 父親的太陽在
射 手 座

自己也自由隨興的放任主義

萬一你的個性很豁達，那無疑遺傳自你的父親。他熱衷於喜歡的事，不把家裡的瑣事放在心上。可是他又沒有惡意，讓人沒辦法討厭他。等大一點之後，你應該就會曉得父親的教誨和偉大。

 父親的太陽在
魔 羯 座

現實主義的大男人父親

氣質像傳統父親，會認真、嚴厲地對待家庭和工作，之所以「大男人」是因為強大的責任感使然。會為家人做現實的考量而非空談理想，過時的說教也是父母心。請不要嫌棄，保持學習的態度。

 父親的太陽在
水 瓶 座

愛講道理卻又愛亂來

他討厭普通的家庭形象，因此必定很容易變成一個總是愛亂來的奇葩父親。你們之間的關係與其說是親子，或許更像志同道合的同志。愛講道理，可是會不帶偏見地理解並尊重孩子的個性。

父親的太陽在
雙 魚 座

感性豐沛的夢想家

他老是愛作夢，常常心不在焉。儘管個性不拘小節又令人感到溫暖，一到關鍵時刻卻會傾盡全力來保護你。父親富有藝術性又豐富的感性，是不是充滿了整個家呢？

7／了解母親的人格特質

月亮也代表母性或為人母親時的模樣。
母親是讓自己誕生在這個世界的人。
你可能會感受到自己與母親的羈絆，同時又對某些相似處產生嫌惡感，
然而母親也是人。遺傳自她的特質是珍貴的寶藏。

◆ ◆ ◆

星盤怎麼看
請為母親製作星盤，
確認「行星位置」表的月亮星座！

 母親的月亮在
牡羊座

強大的豪氣媽媽

她是不拘小節的豪氣媽媽，最討厭扭扭
捏捏、猶豫不決的樣子。她既強大又豪
爽，甚至可能直接放一根香蕉在便當盒
裡。在不知不覺間指揮全家人，擔任家
庭中心的是不是媽媽呢？

母親的月亮在
金牛座

穩重但很有堅持

她是穩重型的人，但是對家事、個人
物品或家具卻很有堅持。她應該有你
煮過很多好吃的美食。強大的佔有慾
再加上深深的愛，使她也有喜歡黏著
小孩的一面。

 母親的月亮在
雙子座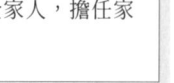

像呼吸一樣說個不停的好朋友

她對時下流行資訊瞭若指掌，心態很年
輕，也很熟悉社群網站。在哪裡都有很
多話說，甚至還會對電視吐槽。雖然偶
爾也會潑冷水，但基本上是個開朗、乾
脆的人。小孩也許會把她當成好朋友。

 母親的月亮在
巨蟹座

把自己的事擺在後面拼命努力

她就像一個隨時都散發出溫暖氣息的綠
洲，好像總是不眠不休在忙著做什麼
事，是一位會為了家人粉身碎骨的勤奮
母親。她的個性很容易拼身過頭，所以
請你溫柔地支持她吧！

母親的月亮在
獅子座

害怕寂寞的女中豪傑型

她的個性開朗幽默，最愛玩樂和開心的事情，很會炒熱氣氛。充滿骨氣，堅毅不撓，但其實是非常害怕寂寞的人。要是有只有她不曉得的事情會大發脾氣，請經常以她為家庭的中心。

母親的月亮在
處女座

愛操心的完美主義

她是把家事和育兒都做到完美無缺的能幹母親。總是把家裡整理得乾乾淨淨，收支管理也一絲不苟。只是她愛操心、神經質又很囉唆，家人可能會嫌她煩。請把被擔心也當成是在孝順她吧！

母親的月亮在
天秤座

和爸爸合作無間

她總是打扮得乾淨亮麗又擅長社交，富有美感，在各方面都有很好的品味。死愛面子、對外會做表面工夫的部分是她的可愛之處。在家裡則和爸爸合作無間，是彼此互補的良好關係。

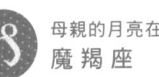
母親的月亮在
天蠍座

愛之深以至於比本人還煩惱

個性冷靜沉著，但愛情比海還深。常常過度解讀，但會敏感察覺孩子的情緒，有時甚至是媽媽比本人還要煩惱。要小心說謊或隱瞞被她一眼看穿。幾乎沒有除了家人以外的交流。

母親的月亮在
射手座

不因小事動搖的度量

她不擅長應付侷促的話題或繁雜的手續，可能會把「好麻煩」當成口頭禪。尤其討厭人際關係的包袱，和其他家長或親戚只做最低限度的交流。不因小事動搖的度量與豪爽的氣魄是她的魅力。

母親的月亮在
魔羯座

用忍耐澈底扮演好賢妻良母

她以內助之功支持父親，對孩子的教育和管教也從不馬虎。簡直就是傳統賢妻良母的典範，但缺點是個性太過正經，所以不會撒嬌或誇人。請別要求她，而是協助她放輕鬆吧！

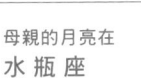

母親的月亮在
水瓶座

獨樹一格又充滿刺激的搭檔

她不喜歡緊密的關係，即使是對小孩也很少肢體接觸，愛情表現較為平淡。原本對「親子」的概念就比較薄弱，而是一種接近「搭檔」的感覺。想法個性十足又與眾不同，是個充滿刺激的母親。

母親的月亮在
雙魚座

染上對方色彩的感受性

她溫柔至極，淚腺脆弱。對弱小的人會基於同情心照顧對方，但是也有對強大的人無情的一面。容易被人牽著走，說的話反反覆覆，是一種從本能上就很容易被對方感染的性格。請多包容她吧！

關於生命中那些重要的人

工作對象、朋友、孩子、另一半和雙親。
別因為期待對方給你「自己想要的事物」，
但對方不答應或得不到就心生不滿，
理解、尊重與體諒對方才是最重要的。

Q.1

請寫下重要之人的名字，整理分析結果。

（工作對象、朋友、孩子、另一半和雙親。
請寫下關於 P110 ～ P123 分析對象的事）

Q.2

我有意外的發現嗎?

Q.3

從今以後,我想要怎麼做?

from miraimiku

接納自己才能夠接納他人。
對自己和對他人的理解有如互相呼應般成正比。

　　理解自己才是首要之務,當你理解並接納自己之後,才有辦法理解並
接納對方;才能把優點和缺點都當作個性,對自己與對方的可接受範圍才
會跟著變大。除此之外,你的「個人特色」應該也會在理解對方以後隨之浮
現。

Chapter 4

懂得越多，對自己的認識越深

星盤的基本教學

星盤就算只看分析結果
也能獲得許多關於自己的認同或新發現，
不過要是知道星盤的運作方式，
你就可以進行自我分析。

我們能夠從星盤中解讀到的資訊豐富得驚人。
這是一門懂得越多就越有趣、越深奧的學問。
雖然自己的誕生星盤一輩子都不會改變，
但能看到的內容或感受會因情況而異
也是它的有趣之處。

準備挑戰新工作的時候、
為自己和喜歡的人的關係煩惱時、
對自己失去自信的時候、
站在人生叉路口的時候⋯⋯
在這些時候，
我推薦你試著解讀自己的星盤！

星盤是「自己的工具箱」

要利用星盤分析結果的人是你自己。
首先，請認識一下「自己擁有的工具」吧！

確實了解自己手上有哪些工具，活得「更有效率」吧！

透過星盤從各種角度重新認識真正的自己之後，你有什麼想法嗎？

像是「我知道為什麼人家說我一板一眼了」，或是「這麼說起來，我小時候最喜歡逗人笑了」等等，包含小事情在內，應該也有很多人覺得像是在對答案吧？

從這裡開始，我們將更深入地探索星盤的思維及運作方式。你可能會覺得：「好像很難耶！」不過沒關係。請搭配你寫在第36、37頁的個人誕生星盤，繼續看下去吧！

我之前說星盤是「靈魂X光」（第30頁），但也可以用神明賜給我們的「工具箱」來形容它。

箱子裡面有哪些工具？把工具從箱子裡拿出來看的這個行為就是星盤分析。「原來我有這種工具啊！」要是你在裡面找到了新的發現，請一定要拿出來用用看。

打開箱子，裡面也許是一把鋒利的剪刀，也可能是一枝原本就寫不出來的原子筆。沒有完美無缺的星盤。每個星盤都有強的部分和弱的部分。

　　在工作現場接受客人的諮詢時，我看到有非常多緊緊握著「寫不出來的原子筆」苦惱許久，遲遲無法前進的案例。在這裡，我想提出的建議是：「放棄原本就寫不出來的原子筆，把目光轉向鋒利的剪刀，把它磨得更鋒利。」換句話說，就是**與其克服不擅長的部分，倒不如鍛鍊長處（武器）**的意思。

　　時間有限。為了不要就這樣握著「寫不出來的原子筆」結束一生，請你打開專屬於你的「工具箱」吧！

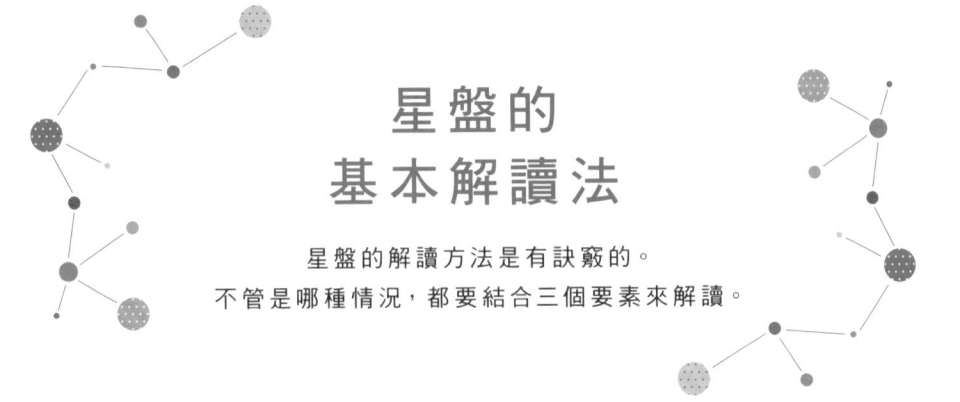

星盤的基本解讀法

星盤的解讀方法是有訣竅的。
不管是哪種情況，都要結合三個要素來解讀。

「結合三個要素」解讀

星盤由各式各樣的要素構成（參考第32頁），裡面含有龐大的資訊量，但是就自己替自己分析的情況來說，就算只知道基礎也很足夠了！本書將說明**「基本解讀法」**。

結合十顆行星、十二星座及十二宮位這「三個要素」解讀是星盤的基礎。

1 行星
誰／什麼（WHAT）
[主角]

2 星座
如何（HOW）
[特質]

3 宮位
哪裡（WHERE）
[場所、領域]

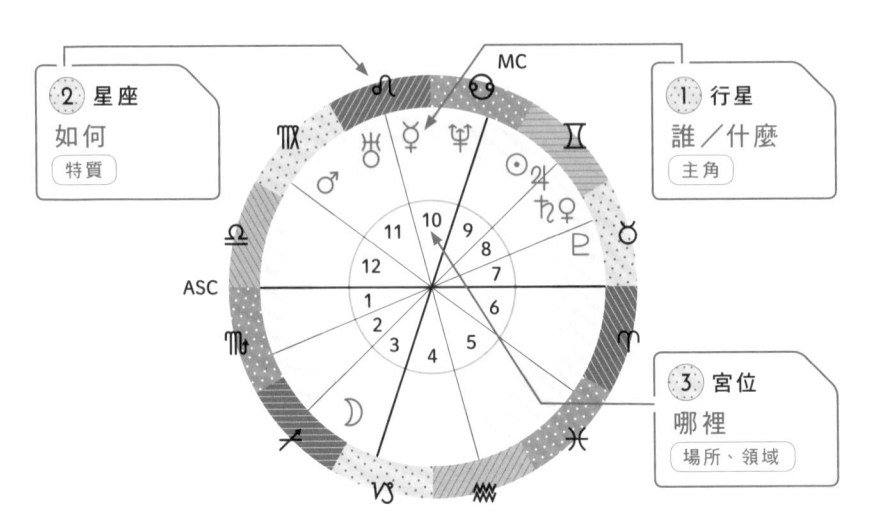

儘管有很多人以為星座才是主角，但星盤（占星術）的主角是行星。首先，這點很重要！

想成「使用」行星（誰／什麼）可能會比較好懂一點。

那麼，請試著實際「結合三個要素」解讀看看吧！

＜例＞水星、獅子座、第十宮

這裡挑選了一些代表每個要素的關鍵字，
請試著實際組合它們。

1. 行星：誰／什麼（WHAT）
   ＝【水星】知性、語言、溝通能力

2. 星座：如何（HOW）
   ＝【獅子座】落落大方的、華麗醒目的、具衝擊性的

3. 宮位：哪裡（WHERE）
   ＝【第十宮】在社會上、在正式場合、在組織裡

❶ 把知性　❷ 華麗醒目的（用在）❸ 正式場合

就像這樣。這是星盤解讀基礎中的基礎。

習慣以後，你也可以做到像「從事公關、媒體相關的工作」或「擅長演講、演說的人」這種具體的解釋。

請一邊對照自己記在第36頁的星盤筆記，一邊閱讀後面的內容，試著「結合三個要素＝十顆行星×十二星座×十二宮位」進行解讀。重要的是當成自己的事，**發揮想像力，用自己的話理解**。屬於你的故事一定會慢慢浮現。

1 觀察「行星分布」

　　首先，請看整個星盤，了解整體的樣貌。在「結合三個要素＝十顆行星×十二星座×十二宮位」解讀之前最簡單的分析方法，就是觀察「行星分布」。就算只是匆匆一瞥，也可以看出行星有沒有平均分布，對吧？

　　星盤上面有東西南北（參考第32頁），位置和一般地圖相反，左半圓是東、右半圓是西、上半圓是南、下半圓是北。

　　像這樣把星盤分成東西南北四個部分來看時，可以從多數行星集中在哪一個區塊，解讀出「這個人把生命的重心擺在哪裡」的整體樣貌。

　　比較多行星聚集的方位，特質會強烈顯現，而行星比較少的方位，特質會比較弱，**尤其太陽、月亮、水星、金星和火星是代表自己的五顆行星，請優先確認它們的位置吧！**

　　假如行星沒有集中在某個區塊，而是分散各個方位的話，請想成是每一種傾向都很平均。

※若製作星盤時勾選「出生時刻不明」則不適用本頁說明。
請查詢自己的出生時間。

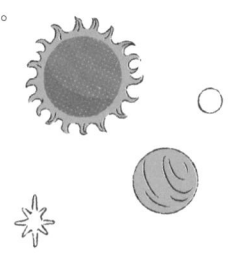

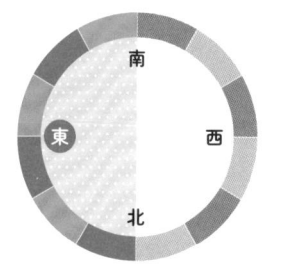

左邊（東）行星比較多的人

$$\left(\begin{array}{c} \textbf{重心在自己的心} \\ \text{絕對軸、主體性、領導力} \end{array} \right)$$

自行思考，憑自己的意志開拓人生。自立性和獨立性很強，好惡分明。對他人興趣缺缺，不擅長配合對方。所有事情都想自己解決，因此很容易把工作、煩惱都自己扛。不會撒嬌，也不會依靠他人。

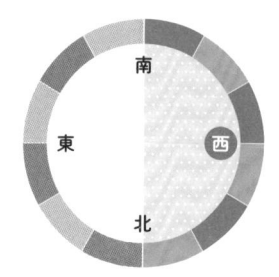

右邊（西）行星比較多的人

$$\left(\begin{array}{c} \textbf{重心在對方} \\ \text{相對軸、協調性、團隊合作} \end{array} \right)$$

能夠尊重對方，體貼入微，因此會得到他人的尊敬及幫助。非常關心他人，能藉由強大羈絆或共同目標獲得幸福或滿足感。容易被他人影響，隨對方起舞。傾向把自己的需求擺在後面。

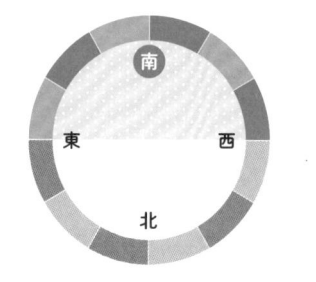

上面（南）行星比較多的人

$$\left(\begin{array}{c} \textbf{重心在社會領域} \\ \text{正式場合、舞臺上面、組織型} \end{array} \right)$$

以工作等社會性活動為優先。追求在社會上的歸宿或職責，強烈渴望社會成就。有很強的上進心、野心及目標意識。在組織裡行動較能發揮所長，但很容易讓工作佔據生活，把家庭、戀愛等個人事務排到後面。

下面（北）行星比較多的人

$$\left(\begin{array}{c} \textbf{重心在個人領域} \\ \text{私人領域、舞臺後面、自營型} \end{array} \right)$$

不執著於社會名聲或出人頭地，追求個人的興趣或娛樂，還時常從興趣延伸變成工作。不擅長站在舞臺上成為關注焦點，喜歡從事幕後工作。自營業、自由接案或是在小規模的社群會比較容易發揮所長。重視家庭。

請在第36頁星盤筆記的「行星分布」打勾。

2 了解十顆行星的「個性」

星盤的主角是十顆行星。請把這十顆行星想成「十樣道具」或「十個人」，用自己覺得貼切的方式來理解。

總之這裡先以「十個人」來談。登場人物有太陽、月亮、水星、金星、火星、木星、土星、天王星、海王星及冥王星這十個人。如果想成這十個個性迥異的人住在自己心裡，而我們會在各種不同的情境「分別使用他們」，這樣也許會更好理解。

尤其在這些人當中，**太陽、月亮、水星、金星和火星這五個人是登場次數比較多的固定班底。**譬如：工作用水星、戀愛用金星、在家放鬆用月亮、吵架用火星等等。

順帶一提，行星是以在神話裡登場的眾神之名命名，例如金星是維納斯（Venus）、火星是馬爾斯（Mars）。想像自己的心裡住著這些神明，不覺得很興奮嗎？用美少女戰士之類的動畫角色來理解也很有意思吧！

十顆行星包含代表 個人的特質和能力 的「個人行星」、

代表 來自社會的影響 的「社會行星」以及

代表 凌駕人類智慧的宿命 的「靈性行星」。

接著來看這「十個人」的特性。

個 人 行 星　　個人的特質和能力

　　十顆行星裡面特別重要的是太陽、月亮、水星、金星、火星這五顆行星，它們又被稱為「個人行星」（Personal Planet），表示個人的特質和能力。即使說**「只要看這五顆行星就能了解一個人」**也不為過。

太陽

負責正式場合

正式場合的人格、穿著正裝的自己、理想的自己、努力的自己、試圖成為大人的自己（亦即社會人）、有意識的行動、意志、主體性、父性、人生目標

月亮

負責私人領域

私底下的人格、赤裸裸的自己、現實的自己、原本的自己、無法成為大人的自己（內在小孩／嬰兒）、無意識的行動、情感、欲望

水星

負責頭腦、語言

頭腦、思考模式、知性、知識、資訊、對知識的好奇心、言語表達、溝通能力、工作方式

金星

負責令人心動、閃閃發光的事物

喜歡的東西、偏好、興趣嗜好、喜悅、幸福、對快樂的渴望、感受性、魅力、美感、藝術性、愛、戀愛、穿著打扮、女性面（被動的愛）

火星

負責戰鬥

行動力、執行力、野心、鬥爭心、性方面的嗜好、對獲得的渴望、向外界展現自我的能力、攻擊力、吵架、憤怒的表現、男性面（主動的愛）

上一頁介紹了特別重要的（五顆）個人行星──「五位固定班底」的特性。在這裡，請透過實際流程來了解我們會如何使用這「五個人」吧！

<例>個人行星的運作流程

這裡將以「吃燒肉」為例進行解析。
重點是想像自己心裡有「五個我」。

⊙ **太陽** 目標 在「頭上」發光的指標

太陽是整合四個人的隊長，就像是他們的監督者。請把他當成是在「頭上」而非肉體上發光的「指標」，我們並不會在每天的日常瑣事裡用到他。

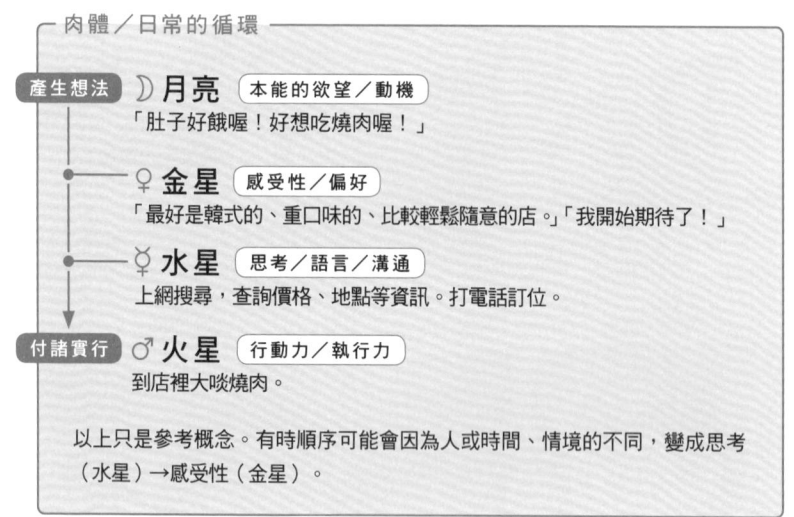

肉體／日常的循環

產生想法 ☽ **月亮** 本能的欲望／動機
「肚子好餓喔！好想吃燒肉喔！」

♀ **金星** 感受性／偏好
「最好是韓式的、重口味的、比較輕鬆隨意的店。」「我開始期待了！」

☿ **水星** 思考／語言／溝通
上網搜尋，查詢價格、地點等資訊。打電話訂位。

付諸實行 ♂ **火星** 行動力／執行力
到店裡大啖燒肉。

以上只是參考概念。有時順序可能會因為人或時間、情境的不同，變成思考（水星）→感受性（金星）。

重要的地方在於，**一開始的動機是「月亮」，而實現動機則需要「火星」的行動力。**假如不能善用火星的話，我們可能只會在腦袋裡想想或邊想邊傻笑而已，不會連接到實際的行動。覺得被說中的人，你需要意識並鍛鍊自己的火星（行動力）。

社會行星　來自社會的影響

　　木星和土星並非代表「個人的特質和能力」的行星。它們都叫作「社會行星」，暗示**來自社會的影響**。除此之外，木星和土星是經常被放在一起討論的**「糖與鞭子的關係」**。舉例來說，我們把木星所在的宮位解釋成「收穫豐碩的領域」，土星所在的宮位解釋成「考驗、課題的領域」。

木星	土星
幸運星	考驗星
幸運、收穫、擴大、發展、援助、保護、希望、可能性、拓展、增加、放寬、「糖與鞭子」的糖	考驗、課題、縮小、限制、壓抑、責任、努力、現實、規則、減少、緊縮、鞏固、「糖與鞭子」的鞭子

靈性行星　凌駕人類智慧的宿命

　　天王星、海王星和冥王星又稱「土星外天體」（Tans-Saturnians），表示**凌駕人類智慧的宿命（不可抗力）**。它們暗示超脫世界桎梏的領域或突發性事件等等，和木星、土星一樣都不是代表「個人的特質和能力」的行星。

天王星	海王星	冥王星
主要暗示「突發性的變化或事件」／變化、革命、騷動、反抗、驚喜、打擊	主要暗示「抽象且曖昧不明的狀態」／奇幻、精神主義、夢、幻想、妄想、逃避現實	主要暗示「因果報應、因緣、不可抗力」／前世背負的業障、因緣、強迫觀念、生死、劇變、極限性

3 從三種分類法了解十二星座的「特質」

十二星座是「如何」（HOW）的部分，相當於形容詞（參考第130頁）。它們有**「十二種特質」**，從「二極法」、「三分法」和「四元素」這三種分類法來看便一目了然。請確認代表自身特質的太陽、月亮、水星、金星和火星這五顆行星的「星座與分類」，寫在第37頁上半部的表格。

順帶一提，包圍星盤的十二星座是將太陽運行的黃道（天空）分成十二個區塊，想成「牡羊座的方位」或「天蠍座的方位」可能會比較好懂。

比方說，電視或雜誌上的「十二星座占卜」提到的雙子座的人，指的是「在出生的那個瞬間，『太陽位於雙子座的方位』的人」。意即「十二星座占卜」的正式說法應該是「太陽星座占卜」。

二極法　陽性還是陰性？

十二星座可以按能量方向分成「陽性星座」和「陰性星座」兩種類別。

陽性星座	陰性星座
往外的能量	**往內的能量**
牡羊座、雙子座、獅子座、天秤座、射手座、水瓶座	金牛座、巨蟹座、處女座、天蠍座、魔羯座、雙魚座
Keyword 外向的、攻擊、散發、釋放、給予（輸出型）、整體視角、企畫立案、適合當選手	Keyword 內向的、防禦、吸收、儲備、收下（輸入型）、局部視角、管理運用、適合管理或支援

三分法 是哪一種行為模式？

十二星座可以按行為模式分成「開創型」、「固定型」和「變動型」三種類型，能夠看出一個人**「為了得到想要的會怎麼做」**。

開創型	會為了得到想要而自己動起來，表現出主動、具攻擊性的姿態。在思考前就先行動，邊動邊想。最先提議的人、發起人、開發型。早熟短跑者型。有瞬間爆發力，擅長起頭，但不擅長收尾。
自主行動 牡羊座、巨蟹座、天秤座、魔羯座	

固定型	不會為了得到想要的而主動行動，而是想方設法讓對方動起來。被動、保護意識強，容易想太多導致動彈不得。穩定運用、繼續維持型。晚熟長跑者型。要花很多時間才會開始，但有持久力，會做到最後。
原地等待 金牛座、獅子座、天蠍座、水瓶座	

變動型	會隨著想要的而彈性調整行動方式。有出色的適應力、順應力及應對力，配合對方變化自如地行動。變動型是基本型和固定型中間的協調者（潤滑油），但不擅長把事情分得一清二楚，因此容易優柔寡斷、搖擺不定。
隨機應變 雙子座、處女座、射手座、雙魚座	

四元素 有什麼樣的價值觀？

十二星座可以按價值觀和特質分成「火象星座」、「土象星座」、「風象星座」及「水象星座」四種類別，能夠看出一個人「**重視什麼？想要什麼？**」

往上上升的特質
如火焰向上燃燒

火象星座
（直覺、精神）

**牡羊座、獅子座
射手座**

想要理想和浪漫！
（重視自我成長）
男性的／主觀的／
熱情的

往內吸收的特質
如海綿吸收水分

水象星座
（感情、心）

**巨蟹座、天蠍座
雙魚座**

想要共鳴
和心靈羈絆！
（重視信賴關係）
女性的／主觀的／
情緒的

想要知識和邏輯！
（重視知性交流）
男性的／客觀的／
知性的

風象星座
（思考、邏輯）

**雙子座、天秤座
水瓶座**

想要穩定和確實證據！
（重視實際利益）
女性的／客觀的／
具體的

往旁邊擴散的特質
如風兒搬運種子

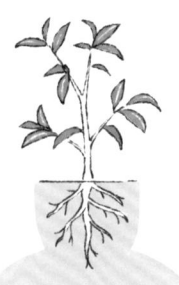

土象星座
（感覺、肉體）

**金牛座、處女座
魔羯座**

往下著地的特質
如雙腳立於地面

代表如何(HOW)

馬上看懂十二星座「關鍵字範例」

這張表格統整了每個星座的分類以及關鍵字範例。以它為線索，自由發揮想像，並將其轉化成自己的語言，便可以藉此更具體地看見自己的特質。

星座	二極法	三分法	四元素	特質關鍵字
♈ 牡羊座	陽性	基本型	火	熱情、本能、直覺、迅速、搶第一、率先帶頭、領導能力、為了贏、衝動、精力旺盛、狂野奔放、全力以赴、直截了當、積極進攻
♉ 金牛座	陰性	固定型	土	現實、確實、逐一確認、一邊品嚐、花時間慢慢來、穩重、高雅、我行我素、變成有形的事物、職人精神、藝術性、有自己堅持的美學
♊ 雙子座	陽性	變動型	風	邏輯、道理、善用資訊、迅速、積極活躍、輕快、淺而廣、好奇心旺盛、多方嘗試、顧及所有、同時並進、一面比較、調整改造
♋ 巨蟹座	陰性	基本型	水	平易近人、有人情味、誠心誠意、情感豐沛、母性、犧牲奉獻、共鳴、一起、一邊互助、團隊合作、宛如家人、溫馨舒適、有生活感、有懷念的感覺
♌ 獅子座	陽性	固定型	火	熱情、相信直覺、強大、落落大方、光彩奪目、盛大高調、充滿活力、戲劇性、引人注目、動作誇大、堅定的信念、創意巧思、鼓舞眾人
♍ 處女座	陰性	變動型	土	拘謹、順從、有職責意識、具體、機能性、有效率、簡單易懂、鉅細靡遺、一邊調整、局部視角、律己、完美主義、勤奮努力、簡單、整潔
♎ 天秤座	陽性	基本型	風	道理、從對方的角度出發、有禮貌、有常識、有分寸、平等、尊重全體意見、美麗、優雅、時髦、協調、行為舉止合宜、重視平衡
♏ 天蠍座	陰性	固定型	水	寡言、祕密主義、窄而深、慎重、縝密、花時間觀察情況、心理戰、背地裡的動作、信賴第一、本質、全心全意、澈底、不是零就是一百、沉重、狂熱
♐ 射手座	陽性	變動型	火	靈光乍現、想到就去做、總之先做再說、直覺、迅速、自由、豁達、古怪、隨機應變、變化球、哲學性、追求未來、視野寬廣、孤獨一匹狼、神出鬼沒
♑ 魔羯座	陰性	基本型	土	現實、具體、踏實、合理、生產性、善用資源、一邊累積經驗、責任感、綜觀整體、組織性、專注於目標、重視結果、重視實際成果、追求真材實料
♒ 水瓶座	陽性	固定型	風	道理、一邊分析、平等、公平、尊重個人、中性、追求未來、視野寬廣、全球性、善用科技、為了讓世界變得更好、獨創性、標新立異
♓ 雙魚座	陰性	變動型	水	溫柔、情緒化、想像力、共鳴、慈悲心、同情心、淨化、療癒、全部融為一體、沉醉、幻想、難以捉摸、不可思議、神祕、宛如妖精

請參考這張表格填寫 P37 的「從三種分類法了解自己的特質」。

跟著靈魂的成長過程探索
十二星座的故事

十二星座的特質可以比喻成「一個人的人生」。

如果把他們想像成是從牡羊座開始，到雙魚座結束，接著再次交棒給牡羊座的故事，應該就可以更鮮明地感受到每個星座各自的「呼吸」。

首先，請從第一話看到第十二話。然後再看自己的太陽、月亮、水星、金星以及火星的星座故事。如此一來，你便能夠對「自己被賦予了什麼樣的故事或主題」有更深刻的體悟。

前半段的故事

確立自我與個人的成長階段
從出生到出社會為止的成長紀錄。
「我的成長故事」要開始啦！

STORY 1

♈ 牡羊座

> 我存在
> I am

Keyword　誕生、希望、生命力、本能、挑戰、勇氣、橫衝直撞

牡羊座是剛出生的小嬰兒，所有的一切對我都是初體驗。我還沒有過去，只有對未來的希望。只會跟隨本能或衝動前進。就算碰壁、就算跌倒，我也會用嬰兒的爬行姿勢拼命往前爬，把所有拿到的東西放進嘴裡。總之什麼都試著去做！不做做看怎麼會知道！滿腦子只有「勇往直前」。

金牛座

我擁有
I have

<u>Keyword</u>　五感發達、審美的眼光、細細品嚐、收藏

從什麼都要放進嘴巴、一股腦向前衝的牡羊座變成金牛座之後，我會開始產生好吃、難吃、喜歡、討厭等等的感覺。去看、去聽、去聞、去嚐、去摸……將所有感官發揮到極致。我就像是在細細品嚐般一個個仔細玩味，把要的東西和不要的東西進行分類，只把真正喜歡的納入收藏。

 **雙子座**

我思考
I think

<u>Keyword</u>　對知識的好奇心、語言活動、資訊的蒐集與傳遞、多才多藝

變成雙子座以後，我開始開口說話喊「爸爸」、「媽媽」了！由於認識到外面的世界與他人的存在，對知識的好奇心也會變得更旺盛。我會奔向外界，用語言和許許多多的人進行溝通，同時廣泛地增加知識。而且，我還會開始把自己得到的資訊或知識積極傳遞給身邊的人。

 巨蟹座

我感覺
I feel

<u>Keyword</u>　築巢本能、愛家、重視自己人、同伴意識、感情、情緒

變成巨蟹座之後，我第一次產生孤獨的感覺。悲傷、寂寞、害怕、不安。我不想自己一個人，想要可以一起生活的家人、分享喜悅或悲傷的同伴……我開始打造能夠放心的歸宿，建立自己的家庭或同伴，並且與能夠真心相待的人交流，藉此促進喜怒哀樂的情緒功能及協調性。

STORY 5

♌ 獅子座

我將會
I will

Keyword　確立自我、個性、強調個人優點、創造力

到了獅子座的階段，我會確立個性及自我。這一次，我朝著外面的世界，把在巨蟹座充飽的愛情能量釋放出去。我想讓大家都開開心心，每個人臉上都洋溢著笑容並充滿活力！在利用唱歌、畫畫、跳舞、寫作等各種表現手法展現自我的過程中，自我表現力和創造力會逐漸成長。

STORY 6

♍ 處女座

我分析
I analyze

Keyword　客觀、整理、分析、調整、居中協調、完美主義、職人氣質

終於到了個人完成的這一刻。不以自我滿足告終，而是為了把自己的個性告訴更多人，以現實、客觀的角度嚴格進行最終確認，這就是處女座的階段。自我分析、主觀性與客觀性的調整、反省與改善、腦內的情境模擬。這個階段背負著嚴格追求完美，交棒給後半部的重責大任。

社會性與人際關係的成長階段

這是踏進社會、發揮個人特色的時刻！
會在和許多人邂逅、交流的過程中逐漸成熟。

STORY 7

 天秤座

我協調
I balance

<u>Keyword</u>　淺而廣、多樣性、從對方的角度出發、社交術、品行、平衡感

我終於要用前半段完成的「自我」參與社交了！在天秤座的階段會開啟新的環境或人際關係，例如升學或就職等等。我總是保持良好的儀容和禮貌，有時也不排斥說些場面話或露出假笑。跟大家公平交流，追求與周遭的協調。這是先不要挑三揀四，邊接觸形形色色的價值觀邊增廣見聞的階段。

STORY 8

 天蠍座

我渴望
I desire

<u>Keyword</u>　窄而深、專心致志、全心全意、信念、執著、藏於心中的熱情

到了天蠍座，我會把在天秤座拓展的世界縮得「窄而深」。喜歡的人、喜歡的東西、喜歡的工作……我會限定對象，把所有的愛和能量都集中到他們身上。即使遭遇困難也不放棄自己的選擇。將除了他們以外的事物屏除在視野之外。這是一場沒有模稜兩可，不是零就是一百的嚴格篩選過程。

STORY 9

射手座

我理解
I understand

Keyword　哲學、真理、精神性、學習心、直覺、探索自我的旅程

當天秤座「廣泛」、天蠍座「深入」地面對大量的人、事、物之後，一屁股坐在公園的長椅上仰望天空的就是射手座。「話說，我為什麼在做現在這份工作？」「我為什麼結婚了？」「人類一開始為什麼會出生？」「活著的意義是什麼？」我會尋找各種事情的「理由」，踏上探索自我的旅程。

STORY 10

魔羯座

我會用
I use

Keyword　職責意識、責任感、目的、策略、成果、社會性自我實現

在探索自我的旅途中找到自己的答案，回歸現實社會的是魔羯座。我會努力在社會上完成自己的職責與責任。利用從牡羊座開始累積的知識、經驗與人脈等所有資產貢獻社會。這個階段就像是要蓋出一棟「我的公司大廈」，作為一個人的集大成，也是曾經在這個世界上活過的證明。

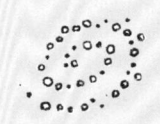

♒ 水瓶座

我知道
I know

<u>Keyword</u>　無邊界、平等意識、人類觀點、反骨精神、獨立心

摧毀魔羯座蓋好的公司大廈，掀起這種革命或罷工行動的是水瓶座。我對至今累積的成果、社會評價、一般常識以及被其他人強迫接受的價值觀和規則產生懷疑，並跨越性別、年齡或國籍這些框架，高聲呼喊「給所有人類自由和平等！」「自由與解放。」是真正意義上的「獨立宣言」。

STORY 12

♓ 雙魚座

我相信
I believe

<u>Keyword</u>　接納、慈愛、人性本善、信心、和平、淨化、療癒、領悟

水瓶座的革命使大廈化為斷垣殘壁，讓世界變得戰戰兢兢。為了洗淨殘骸，為了撫慰世界，溫柔淨化一切的是雙魚座。即將迎來生命終結的人類已經不再有私欲或執著，剩下的唯有一顆感謝的心。原諒一切，進行昇華，為了新生命的誕生（牡羊座）慢慢化作透明的羊水。

　　像這樣把它們當成故事來看，應該會比較容易了解十二星座的特質。

　　順帶一提，十二星座就精神上來說，前半段比較年輕，後半段比較成熟。

4 了解十二宮位的「舞臺」

在星盤中代表「哪裡」(WHERE) 的是十二宮位，它們就像是「地球上的舞臺」。你的十顆行星分別落在什麼宮位呢？

一起來看你的太陽和月亮會在什麼樣的舞臺上綻放光芒吧！

劃分宮位的界線是「宮頭」(cusp)（參考第35頁的「宮頭」）。請把它們想成是進到每個房間的房門。其中比較重要的有第一宮的起始線＝上升點（ASC），以及第十宮的起始線＝中天（MC）。

上升點代表自己，中天代表社會目標。

兩者都是讓你在人生中克服重重難關鑰匙（詳細說明請參考第33頁）。

※據說劃分宮位的系統有超過五十種以上。本書推薦在日本最多人使用的「普拉希德斯」（Placidus）宮位系統。
※解讀十二宮位需要「出生時間」及「出生地點」。十二宮位會隨著地球自轉，以每數小時為單位發生變化，因此在不曉得出生時間的情況下製作的星盤，無法確認上升點（ASC）、下中天（IC）、下降點（DSC）以及中天（MC），而且會強制以太陽位置為第一宮。

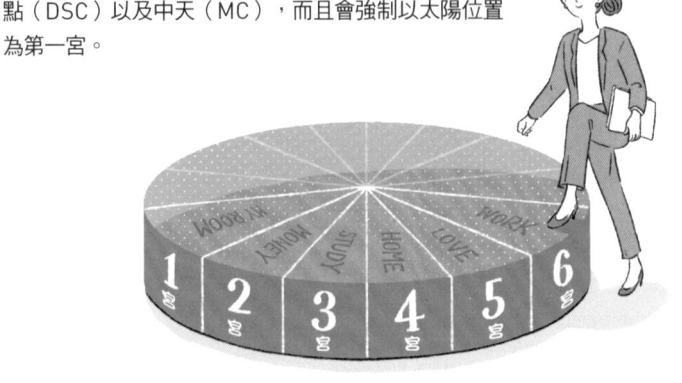

十二宮位的舞臺「關鍵字一覽表」

例如第一宮和第七宮、第二宮和第八宮，在星盤上位置相對的宮位，基本上有相對的象徵意義。從這種觀點來看會很有趣喔！

宮位	象徵意義	關鍵字
第一宮 （第一宮的起點＝ASC）	<自己的房間> 自我認同	自己、自我意識、顯意識、自我評價、對自己的印象、外表、對外窗口、與外界的交流方式、自我行銷、自我表現、強調個人優點
第二宮	<所有物的房間> 自己的所有物	自己的持有物、自己的身體、五感、藝術性、實力、實際成果、技術、自己的錢（自己賺的錢、自己花的錢）、自給自足的能力
第三宮	<知性的房間> 交流溝通	知性、知識、資訊、所有語言活動、技能、實用技術、讀書、學習、義務教育、同學、兄弟姊妹、搬家、交通相關、國內旅遊
第四宮 （第四宮的起點＝IC）	<根基的房間> 立足點、原點	家庭、雙親、故鄉、祖國、地方、歸屬、自己的根據地、根基、立足點、家、居所、家務、室內裝潢、不動產、室內活動、室內、對晚年的態度
第五宮	<創造的房間> 創造力	獨樂樂的世界、興趣、休閒娛樂、戀愛、充滿創造性的活動、藝術創作活動、小孩（自己的作品）、動物、娛樂、遊戲、運動、賭博
第六宮	<義務的房間> 職責意識	職責、義務、侍奉、獻身、支援、雇用、外包工作、為錢而做的工作、日常生活習慣、飲食習慣、健康管理、維修保養、修理
第七宮 （第七宮的起點＝DSC）	<夥伴關係的房間> 人際關係	一對一的關係、伴侶、結婚、離婚、再婚、夫妻、摯友、對手、顧客、與人的交流、從對方的角度看到的世界、對話、面對面、交涉、契約、裁判
第八宮	<共有物的房間> 命運共同體	共有物、共有資產、配偶或血緣關係、來自他人的影響、收到的東西、繼承的事物（遺傳、DNA、遺產）、性關係、性行為、懷孕、生產
第九宮	<探索的房間> 前往更廣大的世界	哲學、思想、宗教、高等學問、專門學校、專業證照、大學、法律相關、直覺、靈感、轉職、國外旅遊、留學、異文化、外國人、科學、自然、宇宙
第十宮 （第十宮的起點＝MC）	<目標的房間> 作為社會人	職涯、社會職責、社會立場、社會目標、社會性自我實現、社會評價、正式場合、舞臺上、群體社會、大組織、公眾、公家機關
第十一宮	<同伴的房間> 不存在利害關係的世界	眾樂樂的世界、同志、同伴、團體交流、網路、人望、非營利活動、福祉、志工服務、興趣社團、文化、學習才藝
第十二宮	<看不見的房間> 沒有實體的世界	祕密房間、獨處的時間、潛意識、靈性、心理學、精神健康、水面下、幕後人員、製作、網際網路、社群網站、影像、匿名性、外遇

找出個人特色的線索
是太陽和月亮

所謂的自我肯定是指不會否定、責備或勉強改變，連同討厭的部分在內，**接納並愛著真正的自己。**──話雖如此，自己卻往往是最不了解自己的人。

因此，為了先「從客觀的角度認識真正的自己」，我們試著以星盤作為尋找答案的線索，你覺得怎麼樣呢？

太陽是正式場合的自己。

是你神采奕奕，優點正在閃閃發光時的人格。

月亮是私底下的自己。是你在家休息，或因為不安或自我貶低的情緒，夜裡難以成眠時的人格。「這些都是你自己」，接受這件事才是最重要的。

太陽和月亮在同一個星座的人（在新月前後出生的人）亦是如此。雖然跟太陽和月亮在不同星座的人相比，兩種人格之間的差距比較小，不過，以「太陽和月亮都在牡羊座的人」為例，你在正式場合可能會比較容易出現牡羊特質中比較活力充沛的部分，但是在私底下則比較容易出現牡羊特質中比較軟弱、負面的地方。

就算只是了解自己的「太陽」和「月亮」──「光明面」和「黑暗面」，就認識自己來說，也已經有非常有意義了。

太陽和月亮所呈現真正的個人特色

太陽

有意識
主動性
目標
未來
想要成為大人的自己（場面話）

想實現的自己
憧憬的自己
理想的自己
希望如此的自己

努力實現的事物

月亮

無意識
被動性
動機
過去
無法成為大人的自己（真心話）

赤裸裸的自己
原本的自己
現實的自己
只能如此的自己

內在小孩

請寫下自己的太陽星座 和月亮星座

請填寫自己的太陽星座和月亮星座，
並參考 P42 ～ P45 以及 P141 的馬上看懂十二星座「關鍵字範例」，
寫下關鍵字。

太陽

座

月亮

座

月亮是原本的自己，
太陽是想實現的自己

拼命努力，使出所有精力
面向太陽開花的向日葵打動了我們的心。
向日葵的英文是「Sun-Flower」。
向日葵的花語是「憧憬、願望、凝視未來」。
那我們是不是可以這樣比喻呢？
在我們頭上燦燦發光的正是「太陽──想實現的自己」，
而向著太陽努力開花的則是「月亮──真正的自己」。

一如向日葵面對太陽盛開，
我們也正朝著自己的「太陽」(太陽星座)
嘗試開出花朵。
對夢想、目標、理想侃侃而談的你，一閃一閃綻放耀眼光芒的你，都是無意識在沿著太陽星座的世界觀前進。

感到擔心、不滿、煩悶、焦躁的時候，是自己的「月亮需求＝內在小孩」(Inner Child) 沒有得到滿足的時候。即便只是用心傾聽自己的月亮在訴說著什麼，月亮也會因此獲得滿足，放下心來。「這樣啊，就是說啊，很難受吧！」只要這樣就夠了。這種行為正是「與自己對話」；花越多時間跟自己對話的人，越能維持高度的自我肯定與一顆安定的心。

請寫下自己的太陽星座
及月亮星座的分析結果

GOAL（想實現的自己）

 太陽 目標

→ 請寫下P42～P43、P68～P69的分析結果

BASE（原本的自己）

 月亮 本性

→ 請寫下P44～P45的分析結果

 月亮 感情

→ 請寫下P56～P57的分析結果

 月亮 本能渴望

→ 請寫下P52～P53的分析結果

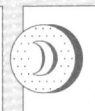 月亮 本能憂慮

→ 請寫下P54～P55的分析結果

月亮 安心

→ 請寫下P58～P59的分析結果

給現在的自己

請任意寫下讀完本書後的感想給現在的自己。

給未來的自己

一年後、五年後、十年後⋯⋯請隨意留言給未來的自己！

尾 聲

我認識「正統的占星術」是在大約二十歲出頭的時候。

當時的我真的對自己毫無自信，討厭自己討厭得不得了。
和別人比較，內心盡是不足感或自卑感。
只看著「外界」指的就是這麼一回事吧！

如果沒辦法接納自己，當然也沒辦法接納圍繞在自己身邊的
人物、環境與一切事物。

就在那走投無路的時候，我遇見了星盤。

我發現：「啊，我根本一點也不了解自己啊！」
並對自己透過星盤浮現的樣貌＝命格
忽然強烈地產生了心疼的感覺。

只顧著強求自己沒有的，卻對「自己有的」視而不見。

我對沒有好好注意它們的事情感到非常抱歉，
發誓從今以後會認真鍛鍊。

而現在，我走到和過去的我一樣迷失自己、動彈不得的人身邊，一
心想著希望能多少成為支持他們的力量——從事占星的工作。

透過星盤分析自己會讓你不用再獨自背負
自己心中的矛盾、困境或互相衝突的事物。

「我的月亮覺得非常不滿喔!」
「我的水星和火星在互相拉扯耶!」
「我的太陽和月亮現在相處得很好喔!」

只要了解自己的身體裡有抱持不同主張的人格,以團隊合作
的方式形成你這個人,你就會自己幫自己化解僵局,或變得比較
容易調整心態。

將優點、缺點、光明、黑暗以及矛盾都當成「個性」,
自我肯定自然會往上提升,內心會保持穩定。
對自己、對他人的可接受範圍都會變大。

最重要的是,透過星星想著自己和對方的時間,
會為容易只看見眼前的我們帶來寬闊、不帶偏見的觀點。

「存在的當下就是奇蹟。」
我覺得回歸這種感恩的思維也是一大樂趣。
只要想想浩瀚的宇宙,我們喜悅和悲傷、成功和失敗都是滄
海一粟。別讓情緒跟著眼前的小事起起伏伏,請抬起頭,偶爾也
悠閒自在地仰望天上的群星吧!

二〇二〇年十二月，發生了相隔約兩百年的時代轉換。

從以金錢、物質、學歷及頭銜為基準的「土象時代／縱向社會」，變成以思想、理念、人品及個性為基準的「風象時代／橫向社會」。（土象和風象的價值觀請參考第140頁。）

在占星術的理論上，我們早在很久以前就曉得會有這場「相隔約兩百年的時代轉換」，然而，沒有人想到新冠肺炎會成為「引爆點」，真的讓時代澈底改變。

線上溝通、遠距離工作、社交距離、無現金交易，
對畢業生統一招募、年功薪資制及終身雇用的重新評估，
從為了賺錢的工作，變成作為終身事業的工作。

教育應有的作法、工作方式以及生活本身都變得截然不同。
每一天都切身體會真的已經進入了「風象時代」。

在女性雜誌等媒體也開始高唱「風象時代」的情況之下，
我在占星的工作現場開始聽到許多這樣的聲音——
因為是風象時代，所以是不是獨立創業比較？
是不是轉職比較好？是不是斜槓比較好？
是不是離婚比較好？是不是搬到郊區比較好？

風象時代的確是代表變化、自由與個性的時代。
正因如此，我們很容易被「瞬間強風」捲入空中，吹向遠方。

別一心只想著改變或追趕未來而迷失自己。
在腳下扎根，成為「屹立不搖的自己」才是最重要的。

「大學畢業、以應屆畢業生的身分成為正職員工進入公司上班、結婚、生子、蓋房子、規劃貸款及養老資金……」

這是個沒有「這樣做就沒問題」的「軌道」或「標準答案」的時代。沒有人會教你，制度也不會保護你。

風象時代也是「自由與自己負責」的時代。
是用自己的頭腦思考，自由「創造」符合自己個性的處事態度以及自己覺得舒適的生活方式的時代。

不可能每個人都最好獨立、轉職或經營副業，也有一直待在同一間公司，將一件事情做到極致會比較好的人；儘管是不結婚也沒關係的時代，但是也有結婚會比較幸福的人。

不要隨外界起舞，正視自己的內心。
無關乎其他人，「對自己來說，什麼才是幸福？」

我由衷希望拾起本書的各位讀者
都能夠用符合個人風格、舒適自在的方式生活。

miraimiku

miraimiku

曾在雜誌編輯、廣告製作及人才培育的業界龍頭任職十六年，於二〇一六年成為獨立占星師。擅長領域是能有效發揮豐富工作經歷的自我分析、職涯規劃及個人品牌的建立。不將占星術當成既困難又高尚的學問，亦非只在紙上談兵，而是追求以現場為重的占星術，亦即【將群星運用在現實生活】、【符合實際情況的占星術】。個人網站〈西洋占星術的入口〉以「Welcome to Astrology」作為標語，最大的任務是透過簡單有趣的方式讓初學者認識占星術的魅力。最重視現場的分析結果，同時亦舉辦講座、演講，在雜誌和網路上連載，並擔任LINE等多種手機應用程式的占卜內容監修。

個人官網
『西洋占星術的入口 ～ Welcome to Astrology ～』
https://miraimiku.net/

設計　大橋麻耶（maya design room）
插畫　OMISO
編集協力　藤岡操

HAJIMETE NO「HOROSCOPE JIKO BUNSEKI」NOTE
© 2022 miraimiku
All rights reserved.
Originally published in Japan by NIHONBUNGEISHA Co., Ltd.,
Chinese (in traditional character only) translation rights arranged with
NIHONBUNGEISHA Co., Ltd., through CREEK & RIVER Co., Ltd.

占星筆記
給初學者找回真實自我的星盤分析

出　　　版／楓書坊文化出版社
地　　　址／新北市板橋區信義路163巷3號10樓
郵 政 劃 撥／19907596　楓書坊文化出版社
網　　　址／www.maplebook.com.tw
電　　　話／02-2957-6096
傳　　　真／02-2957-6435
作　　　者／miraimiku
翻　　　譯／歐兆苓
責 任 編 輯／周佳薇
校　　　對／周季瑩
港 澳 經 銷／泛華發行代理有限公司
定　　　價／380元
出 版 日 期／2023年4月

國家圖書館出版品預行編目資料

占星筆記：給初學者找回真實自我的星盤分析 / miraimiku 作；歐兆苓譯. -- 初版. --新北市：楓書坊文化出版社, 2023.04
面；　公分

ISBN 978-986-377-842-4（平裝）

1. 占星術

292.22　　　　　　　　　112001867